세종대왕이 숨겨 둔 비밀 문자

훈민정음 구출 작전

고고 지식 박물관 24

세종대왕이 숨겨 둔 비밀 문자
훈민정음 구출 작전

글 서지원 | **그림** 김은희

초판 1쇄 펴낸날 2007년 10월 9일 | **초판 35쇄 펴낸날** 2025년 8월 28일
편집장 한해숙 | **기획** 우리누리 | **편집** 신경아 | **디자인** 최성수, 이이환 | **마케팅** 박영준 | **홍보** 전보영 | **경영지원** 김효순
펴낸이 조은희 | **펴낸곳** ㈜한솔수북 | **출판 등록** 제2013-000276호 | **주소** 03996 서울시 마포구 월드컵로 96 영훈빌딩 5층
전화 02-2001-5822(편집), 02-2001-5828(영업) | **전송** 0303-3440-0108
전자우편 isoobook@eduhansol.co.kr | **블로그** blog.naver.com/hsoobook | **인스타그램** soobook2 | **페이스북** soobook2
ISBN 978-89-535-4024-8 74030 | **ISBN** 978-89-535-3408-7(세트)

ⓒ2007 우리누리·㈜한솔수북
※저작권법으로 보호받는 저작물이므로 저작권자의 서명 동의 없이 다른 곳에 옮겨 싣거나 베껴 쓸 수 없으며 전산장치에 저장할 수 없습니다.
※값은 뒤표지에 있습니다.

어린이제품안전특별법에 의한 제품 표시
품명 아동 도서 | **사용연령** 만 8세 이상 어린이 제품 | **제조국** 대한민국 | **제조자명** ㈜한솔수북 | **제조년월** 2025년 8월

세종대왕이 숨겨 둔 비밀 문자

훈민정음 구출 작전

한솔수북

외계어를 쓰면 외계인이 된다.

한글은 우리나라 사람들 누구나 쓰지만 예전엔 사라질 위기를 여러 번 겪었어요. 세종대왕이 한글을 만들었을 때 양반들은 쓸모없는 말이라며 몹시 반대했어요. 연산군은 한글로 된 책을 모두 불태웠고, 우리나라를 침략한 일본은 한글을 못 쓰게 했어요. 그러나 한글의 생명력은 참으로 질겼어요. 누가 강제로 가르친 것도 아닌데 누구나 배우려고 했어요. 그런데 요즘 들어 한글이 병들고 있어요.

"간지가 좔좔 흐르네." "야르!" "까리하네." "지대로다!" "이건 솔대야!" "조금 있다 재접할게." "윽, 엑박이야." "아, 뽐뿌하고 싶어."
도대체 무슨 뜻인가요? 교과서에도, 사전에도 안 나오는 이상한 말들이 넘쳐 나고 있어요. 인터넷에 떠도는 이런 뜻 모를 말을 외계어라고 하지요. 외계어는 맞춤법과 띄어쓰기를 무시하고 우리말을 왜곡해 한글을 파괴하고 있어요. 그냥 편한 대로 쓰면 되지 꼭 맞춤법을 따져야 하냐고요? 사람들은 서로 약속을 하지요. 길거리에 휴지를 안 버리고, 파란 신호등이 켜졌을 때 건널목을 건너는 것도 약속이지요. 이런 약속을 어기면 세상은 몹시 더럽고, 어지럽고, 혼란스러워져서 오히려 약속을 지키는 사람이 피해를 보지요.

맞춤법도 약속이에요. 맞춤법을 어기면 나중에는 서로 무슨 말을 하는지 알 수가 없어요. 외계어를 쓰다 보면, 우리는 정말 외계인처럼 말이 안 통하게 될지도 몰라요.

외계어는 여러 가지 기호를 써서 뜻을 나타내기도 해요. 언뜻 보면 신기하기도 하지만, 자꾸 쓰면 아름다운 우리 낱말과 문장이 사라지지요. 외계어는 문장의 뜻을 알고 생각을 말로 전달하는 능력을 떨어뜨려요. 외계어를 쓰는 것은 자신의 언어 능력을 파괴하는 바보스러운 행동이에요. 자신의 생각을 논리에 맞고 설득력 있게 잘 전달하고 싶다면 제대로 된 우리말을 써야 해요.

우리는 날마다 글을 읽고 써요. 물과 공기가 없으면 살 수 없듯이 글을 읽고 쓸 수 없다면 우리는 사람답게 살 수 없어요. 그런데도 우리는 한글의 고마움을 잊고 살아요. 만약 세종대왕이 한글을 안 만들었다면 지금 우리는 어떻게 살고 있을까요? 이 이야기는 그렇게 시작돼요.

글쓴이 서지원

훈민정음 구출 작전

머리말...04
훈민정음을 낳은 사람들...08

검은 복면 암살단...10

숨겨진 비밀 문자...14

강철 대통령의 슬픔...24

시간 터널...37

타임캡슐...46

장영실, 감옥에 갇히다...54

다시 뭉친 세 사람...67

입속의 과학을 글자로 그리다...76

글자에 담긴 우주의 철학...87

훈민정음 반대파...96

경복궁의 훈민정음 교실...102

조선 시대에서 걸려 온 전화...112

다시 나타난 암살단...123

세종대왕, 궁금해요!...135

훈민정음을 낳은 사람들

세종대왕
조선의 네 번째 왕. 우리글이 없는 것을 안타깝게 생각해, 온 백성이 쉽게 배울 수 있는 훈민정음을 만든 지혜로운 왕이다. 기억력이 아주 뛰어나고 책을 많이 읽어 지식이 무척 풍부하다. 훈민정음을 만들다가 집현전 몇몇 학사의 반대에 부딪혀 힘들어하지만 성삼문, 장영실, 김종서의 도움으로 완성한다.

성삼문
스물여덟 살에 문화부 장관이 된 천재 언어학자. 전설 속의 문자인 훈민정음을 발견하고 연구를 거듭하지만 비밀의 열쇠를 못 찾는다. 훈민정음을 완성하려고 607년 전인 조선 시대로 돌아가 집현전 학사가 된다. 세종대왕이 훈민정음을 만드는 것을 돕고 용비어천가를 만든다.

장영실
무엇이든 잘 만드는 탁월한 재주가 있고, 머리가 뛰어나고 성격이 꼼꼼한 천재 과학자. 조선 시대로 거슬러 올라가 물시계인 자격루와 해시계인 앙부일구, 측우기 같은 세계 으뜸 과학 발명품을 만든다.

한글자 박사
언어학자. 경복궁 수정전에서 나온 훈민정음을 갖고 있다가 검은 복면의 암살단한테 죽는다. 그러나 조선 시대에서 훈민정음을 완성하면서 역사가 바뀌어 다시 살아난다. 문자가 없는 외국 나라를 돌아다니며 사람들한테 한글을 가르친다.

김종서

경찰서 강력반 형사. 커다란 몸집에 비해 성격이 단순하고 감정이 풍부하다. 한글자 박사의 살인 사건을 수사하다가 훈민정음을 알게 된다. 성삼문, 장영실과 함께 조선 시대로 가서 위기에 몰린 세종대왕의 목숨을 구한다.

강철 대통령

대한민국 대통령. 겉은 부드럽지만 속은 알차고 단단하다. 순 우리글이 없는 것을 안타까워하다가 성삼문, 장영실, 김종서를 조선 시대로 보내 세종대왕이 훈민정음을 완성할 수 있게 이끈다.

황진

과학감시반 으뜸 수사관. 김종서 형사와 함께 놀라운 과학 지식과 직관력으로 한글자 박사 살인 사건의 실마리를 풀어낸다.

최만리

집현전에서 두 번째로 높은 학자. 훈민정음을 유치한 애들 장난이라고 반대하며, 위대한 나라 중국의 문자를 써야 한다고 주장한다. 사대부들의 힘을 빌려 세종대왕과 끝까지 싸운다.

검은 복면 암살단

훈민정음을 없애려고 현재와 과거 세상을 왔다 갔다 하며 한글자 박사와 세종대왕을 죽이려고 한다.

"누…… 누구냐?"

한글자 박사는 자다가 말고 서늘한 기운에 놀라 벌떡 일어났다. 눈부신 불빛이 얼굴로 쏟아졌다. 검은 그림자들이 손에 시퍼런 칼을 들고 한글자 박사를 에워싸고 있었다.

"책은 어디에 있나?"

검은 그림자들의 목소리는 무거우면서도 날카로웠고, 보통 도둑처럼 안 보였다. 검은 복면으로 얼굴을 가린 탓에 더욱 무서웠다. 한 박사는 자기도 모르게 몸을 떨었다.

"무…… 무슨 책 말이오?"

"어제 경복궁 수정전에서 나온 책 말이야. 수정전 천장을 보수 공사하다가 나온 책을 네가 갖고 있다는 것을 알고 왔다. 책만 건네주면 목숨은 살려 주겠다."

"그건…… 아무짝에도 쓸모없는…… 그냥 옛날 한문 소설이오."

"그건 네가 판단할 일이 아니야. 그 책은 어디 있느냐?"

검은 그림자는 한 박사의 목덜미에 칼을 들이댔다. 차가운 칼날이 목에 닿자 한 박사는 헉 하고 숨을 몰아쉬었다.

"저기…… 저 서랍 안에……."

검은 그림자는 성큼 걸어가 서랍을 확 잡아당겼다. 서랍이 바닥으로 엎어지자 자질구레한 물건들이 왈칵 쏟아졌다. 또 다른 검은 그림자가 손전등으로 책의 겉과 속을 꼼꼼히 살폈다.

한 박사는 문 쪽을 흘끔 바라보았다. 아무도 없었다. 검은 그림자가 잠깐 한 박사한테 눈을 뗐을 때, 한 박사는 자신을 지키고 있던 검은 그림자를 뒤로 힘껏 밀쳤다. 그러고는 후닥닥 문을 박차고 뛰어나갔다.

"살려 주세요! 강도요, 강도!"

한 박사는 낡은 아파트 복도를 정신없이 뛰어가며 소리쳤다. 그러나 너무 깊은 밤중이라 아무도 금방 나오지 않았다.

휙 하고 공기를 가르는 소리가 나면서 한 박사는 복도 끝에서 고꾸라졌다.

"으악!"

한 박사의 뒷목에 표창이 정통으로 박힌 것이다. 검은 그림자들이 몰려와 엎어진 한 박사를 뒤집었다. 한 박사는 피를 흘리며 간신히 숨을 헐떡이고 있었다. 검은 그림자 하나가 책을 집어 던졌다.

"이놈이 준 책은 가짜입니다. 집 안을 샅샅이 뒤져도 진짜를 찾을 수 없습니다."

복도에서 나는 소란스러운 소리에 다른 집에서 문을 열었다.

"이…… 이런…… 다 틀렸어!"

검은 그림자들은 아파트 벽을 타고 내려와 눈 깜짝할 사이에 어둠 속으로 사라졌다. 대장으로 보이는 검은 그림자가 중얼거렸다.

"역시 한국 놈들은 강해. 옛날이나 지금이나 전혀 변함이 없어. 칙쇼메!"

*칙쇼메: '빌어먹을'이란 일본말.

숨겨진 비밀 문자

해가 채 뜨기도 전에 김종서 형사는 한글자 박사가 죽은 현장에 나타났다. 2미터 가까운 키와 떡 벌어진 어깨, 온몸을 감싼 탄탄한 근육이 형사가 아니라 프로 레슬러처럼 보였다.

현장에는 벌써 과학감식반이 와 있었다. 자외선을 이리저리 비추며 발자국과 지문을 찾고 있었다.

"황 수사관, 증거 좀 찾았나?"

김종서 형사의 걸걸한 목소리가 복도에 울렸다. 과학감식반 황진 수사관이 특수 안경을 벗으면서 김종서 형사한테 다가왔다. 황진 수사관은 감식반의 하나뿐인 여자 수사관으로 과학 지식과 놀라운 직관력으로 사건의 실마리를 척척 풀어내곤 했다.

"이상한 사건이에요. 집 안을 발칵 뒤집어 놓았는데 잃어버린 물건은 없는 것 같아요. 귀중품이나 돈도 그대로 있고요."

"지문이나 발자국은?"

"그것도 이상해요. 지문은 하나도 없고 발자국만 몇 개 찍혀 있어요. 그런데 보통 신발 같지 않아요. 발레할 때 신는 신발 같기도 하고, 옛날 일본 무사들이 발걸음 소리를 안 내려고 신었던 신발 같기도 하고…….”

"뭐? 일본 무사?"

"네. 이걸 보세요. 죽은 한 박사의 목에 꽂혀 있던 표창이에요."

한눈에 보기에도 표창은 예사롭지 않은 물건이었다. 손가락 세 마디만 한 크기였는데 끝 쪽에 작은 무늬가 새겨져 있었다.

"무슨 무늬지?"

김종서 형사는 돋보기를 대고 꼼꼼히 들여다보았다.

"옛날 일본 황실에서 쓰던 벚꽃 무늬예요. 그래서 저는 일본 자객들이 저지른 범죄가 아닐까 하고 추측하던 중……."

"푸하하! 황 수사관. 요즘 밤샘 작업이 너무 많았던 거 아냐? 21세기 대한민국 한복판에 일본 자객이 습격했단 말이야?"

김 형사는 돋보기를 흔들면서 어이없는 듯 한참을 웃었다.

"그건 그렇고 돌아가신 분은 어떤 분이야?"

"한글자 박사라고 우리나라 언어학계에서는 이름난 권위자예요. 결혼도 안 하고 혼자 살면서 수십 년 동안 우리나라 옛날 문자를 연구하셨대요. 그래서 이름도 우리나라 글자라는 뜻에서 한글자로 바꾸었고요. 한 박사가 최근에 옛날 우리나라에서 만들었다는 문자를 발견했다는 소문이 학계에 돌았어요."

"이두나 향찰 말고 우리나라에서 만든 문자가 또 있었단 말이야?"

"저도 잘 모르겠어요. 안 믿는 학자들도 많더라고요. 그냥 소문이에요."

김 형사는 죽은 한 박사의 시체를 둘러보았다. 그런데 이상했다. 한 박사는 오른쪽 팔을 길게 뻗은 채 아주 어색한 자세로 죽어 있었는데, 오른쪽 손가락들이 바닥에 바짝 붙어 있었다. 김 형사는 한 박사의 손가락을 살짝 들어 보았다.

"어? 이게 뭐야?"

놀랍게도 바닥에는 붉은 피로 뭔가 쓰여 있었다. 죽기 직전에 뭔가 안간힘으로 쓰고는 안 들키려고 손가락을 붙여서 가렸던 것이다.

그것은 태어나서 처음 보는 이상한 글자였다. 김 형사는 사냥개처럼 코를 찡긋거렸다. 알 수 없는 상황을 파악하려고 정신을 집중할 때마다 자기도 모르게 나오는 버릇이었다.

"황 수사관, 이게 글자야 그림이야?"

"글자 같긴 한데 어느 나라 글자인지 나도 처음 보는걸요. 글자가 반듯반듯한 것이 무슨 도형 같기도 하고요."

　황 수사관은 카메라를 들고 글자 둘레를 한 바퀴 돌면서 쉴새 없이 셔터를 눌러 댔다. 플래시가 펑펑 터지자 김 형사는 눈을 찡그렸다.
　"범인한테 안 들키려고 암호로 써 놓았을 거야. 어쩌면 이건 범인 이름일지도 몰라. 범인이 잠적하기 전에 빨리 암호 전문가를 불러!"
　"네! 알겠습니다!"
　황 수사관은 김 형사한테 경례를 하고 급히 계단으로 달려갔다. 어느새 창 밖이 훤히 밝아 오고 있었다.
　그날 밤 잠에 깊이 빠져 있던 김 형사는 전화벨 소리에 깼다. 황 수사관이었다. 뭔가에 놀랐는지 목소리가 한껏 들떠 있었다.
　"피로 써 놓은 글자를 알아냈어요! 그건 암호가 아니라 607년 전에 우리나라에서 만들었다는 전설의 문자예요. 뭐라더라? 훈…민…아! 훈민정음이래요!"

"뭐? 훈장이 뭐 어쨌다고?"

"훈장이 아니라 훈민정음이요. 옛날 사람들이 꾸며 낸 전설인 줄만 알았는데, 실제로 우리나라에서 만든 문자가 있었다니 정말 놀라워요. 그런데 그 뜻을 아는 사람을 도통 못 찾았는데요, 알고 보니 정말 가까운 곳에 그 문자를 풀 전문가가 있었어요."

"결론부터 말해. 그 문자가 무슨 뜻이야?"

성질 급한 김 형사가 재촉했다.

"그건 바닥 금고란 뜻이에요. 바닥에 있는 금고 속에 뭔가를 숨겨 놓았다는 뜻인가 봐요. 그 문자를 풀어 준 사람이 누군지 아세요? 이번에 문화부 장관이 된 성삼문 장관이에요."

"우리나라 역사에서 가장 어린 나이로 장관이 되었다는 스물여덟 살짜리 젊은 애 말이야?"

"젊은 애라니요. 세계가 알아주는 천재 언어학자인걸요. 어쨌거나 지금 전 바닥을 뒤져서 금고를 찾고 있어요."

"알았어! 나도 바로 가지."

김 형사가 현장에 왔을 때, 젊은 남자 둘이 낡은 책을 꼼꼼히 살피고 있었다. 한 사람은 영화 배우처럼 곱상하게 생겼고 눈빛은 날카로웠다. 신문에서 봤던 성삼문 장관이 틀림없었다. 다른 한 사람은 처음 보는 얼굴이었다.

"문화부 장관이 살인 현장에 직접 나타나다니 무슨 일이야?"

김 형사가 황 수사관의 귀에 대고 속삭였다.

"보통 사건이 아닌가 봐요. 대통령께도 벌써 알렸대요."

황 수사관은 긴장을 했는지 얼굴이 붉게 물들어 있었다.

"뭐? 대통령까지?"

"한 박사 집 바닥에 깔린 양탄자 밑에 비밀 금고가 있었어요. 거기에서 오래된 옛날 책을 한 권 찾았어요. 엊그제 경복궁 수정전을 보수 공사하던 사람이 발견한 책인데, 공사 감독관이 내용을 조사해 달라고 한 박사한테 맡겼나 봐요."

"무슨 책인데?"

김 형사는 자기도 모르게 목소리가 커졌다.

"골동품 가게에 가면 흔하게 볼 수 있는 옛날 소설이었어요."

"김새게 하고 있네! 말이 안 되잖아! 자객이 나오질 않나, 전설의 문자가 발견되질 않나, 천재 장관에 대통령까지 도무지 어떻게 돌아가는 사건이야?"

김 형사는 뒤통수를 벅벅 긁으며 이맛살을 찌푸렸다. 그때 성삼문 장관이 힐끔 뒤를 돌아보았다.

"이건 보통 책이 아닙니다. 우리나라 역사를 한 번에 바꿀 만한 핵폭탄급 책이지요."

성 장관은 손을 내밀면서 김 형사한테 악수를 청했다.

"반갑습니다. 성삼문 장관입니다. 워낙 큰 일이 갑작스럽게 터져서 제가 직접 나설 수밖에 없었습니다. 이쪽은 한국과학연구소 장영실 박사입니다."

김 형사는 얼떨떨한 기분으로 악수를 했다.

"시간이 없으니 결론부터 말하겠습니다. 이 책은 겉으로 보면 평범한 한문 소설책입니다. 그런데 놀라운 비밀이 숨어 있습니다. 저쪽 벽을 보십시오."

장영실 박사는 책을 펼쳐 가운데 한 장에 투시 광선을 비추었다. 그러자 놀랍게도 보이지 않던 글자들이 벽에 나타났다. 그것은 한 박사가 죽으면서 피로 써 놓았던 도형 같은 문자와 비슷했다.

"이 책은 속종이에 비밀 문자를 쓴 다음 얇은 종이를 여러 겹으로 붙여 만든 것입니다. 비밀 문자를 풀어야 정확한 내용을 알 수 있겠지만, 훈민정음의 바탕이 된 원리가 담겨 있을 것 같습니다.

훈민정음은 607년 전인 1443년 조선 시대의 임금이었던 세종이 직접 만든 전설의 문자입니다.

그 문자는 슬기로운 사람이면 하루에 다 배우고, 어리석은 사람이라도 열흘이면 알게 된다는 불가사의한 문자로 알려져 있습니다. 지금 우리가 쓰는 이두와는 견줄 수도 없지요.

훈민정음은 그때 당시 알 수 없는 까닭으로 모두 불태워져, 지금은 사라지고 없는 것으로 전해집니다. 그런데 그 문자가 이 책 속에 담겨 있습니다.

이 책은 경복궁 수정전에서 나왔습니다. 경복궁 수정전은 조선 시대에 집현전으로 썼다고 합니다. 집현전은 세종대왕이 만든 우리나라 으뜸 학문 연구 기관이자, 가장 큰 도서관이었습니다. 아마도 집현전에서 연구하던 학자 가운데 하나가 훈민정음을 남겨 놓으려고 이 같은 비밀 책을 만든 것으로 보입니다."

장 박사의 설명을 듣자 김 형사는 고개를 갸웃거리며 말했다.

"그렇다면 누가 왜 한 박사를 죽였지요? 위대한 문화유산을 발견했으니 기뻐해야 할 일 아닙니까?"

그때 성 장관이 자리에서 일어나며 말을 꺼냈다.

"훈민정음을 반대하는 무리가 저질렀겠지요. 절대로 훈민정음을 세상에 안 내놓으려는 사람들 말입니다. 600년쯤 전에 훈민정음을 모두 불태웠던 무리처럼 말입니다."

"설마 일본 자객 타령을 하는 건 아니겠지요? 잠이 부족한 여자가 하는 잠꼬대예요."

김 형사가 농담처럼 빈정거리자 황 수사관이 김 형사를 째려보았다.

"그럴지도 모릅니다. 일본은 한때 우리말과 우리나라 사람들의 이름까지 완전히 없애려고 했으니까요."

"네? 뭐라고요?"

김 형사의 작은 눈이 갑자기 휘둥그레졌다.

강철 대통령의 슬픔

청와대의 새벽 공기는 아직 차가웠다. 자욱한 안개를 뚫고 강철 대통령과 성삼문 장관이 천천히 달리고 있었다.

강철 대통령은 예순이 넘었지만 조금도 숨차 보이지 않았다. 성 장관의 입에서는 하얀 입김이 나왔다.

대통령은 언제나 부드럽게 웃고 있었고 강철이란 이름처럼 강인하면서도 믿음직했다. 성 장관은 문득 대통령이 돌아가신 아버지를 닮았다는 생각을 했다.

"성 장관, 힘든가요?"

"참을 만합니다. 헉헉."

강철 대통령과 성 장관은 돌로 만든 의자에 나란히 앉았다. 엉덩이가 차가웠다.

"성 장관이 장관이 된 지 한 달째군요. 내가 국무위원들의 반대를 무릅쓰고 스물여덟 살밖에 안 된 당신을 문화부 장관으로 뽑은 까닭을 알고 있나요?"

"우리나라의 어려운 문자 때문입니다."

"맞아요. 당신은 세계 으뜸 천재 언어학자예요. 당신도 알겠지만 우리나라는 내로라할 문자가 없어요. 그래서 아직도 신라 시대 설총이 만들었다는 이두를 쓰고 있지요. 이두는 순 우리글이라고 할 수도 없어요. 중국 한자의 음과 새김을 빌려 우리글로 바꿔 쓰는 것뿐이니까요."

성 장관은 고개를 끄덕이면서 말문을 열었다.

"그렇습니다. 이두 말고도 향찰이나 구결 같은 문자도 있었지만, 모두 중국의 한자를 빌려 우리말로 바꿔서 쓴 것이지 진짜 우리 문자는 아니었습니다."

한글이 없던 시대에는 어떤 글자를 썼을까요?

이두가 있었어요. 이두는 신라 시대에 설총이란 학자가 정리한 문자예요. 설총의 아버지는 원효대사였고, 어머니는 요석공주였어요. 이두는 순수한 우리 문자라고 할 수 없어요. 한자를 빌려와 만든 것이니까요.

중국말인 한자의 문장은 주어+서술어+목적어로 돼 있어요. 그런데 우리말은 주어+목적어+서술어로 돼 있지요. 그래서 한자의 음과 새김을 빌려 순서를 우리말처럼 바꾸어 쓰도록 만든 것이 이두예요. 이두는 신라 시대부터 조선 시대까지 700년이 넘게 썼어요.

향찰이란 것도 있었지요. 향찰도 신라 시대부터 조선 시대까지 쓴 문자예요. 이두처럼 중국의 한자를 우리말에 가깝게 썼지요. 우리말에는 꼭 조사가 있어야 해요. 은, 는, 가 같은 조사가 없으면 무슨 뜻인지 알기 어렵거든요. 그런데 한자에는 조사가 없어요. 한자에 조사를 달아 읽기 쉽게 만든 것이 향찰이에요. 문장에서 한가운데가 되는 곳은 한자의 뜻을 쓰고, 조사는 한자의 음을 썼어요. 향찰은 너무 복잡하고 어려워 보통 사람들은 안 쓰고 몇몇 귀족들만 쓰다가 없어졌지요.

구결이란 것도 있었어요. 구결은 한자를 우리말로 풀어서 쉽게 읽을 수 있도록 토를 단 거예요.

강철 대통령이 말을 이어받았다.

"그렇지요. 일본과 베트남처럼 말이오. 베트남 말과 일본말도 중국 한자가 변해서 만들어진 것 아닌가요?"

"맞습니다. 일본 사람들은 일본말을 가나라고 하고, 한자를 마나라고 합니다. 가나는 가짜 글자라는 뜻이고, 마나는 진짜 글자라는 뜻이지요. 그러니까 중국 사람들은 진짜 글자를 쓰고, 자기들은 가짜 글자를 쓴다는 웃기는 이야기입니다."

"허허. 정말 그렇군요!"

대통령은 손바닥으로 허벅지를 치면서 웃었다. 그러나 웃음은 금세 씁쓸한 얼굴로 바뀌었다.

"성 장관. 그런데 우리는 일본보다도 못한 문자를 쓰고 있어요. 이두는 어려워요. 더욱이 하나하나 한자를 찾아 자판으로 입력하는 것이 너무 어려워 컴퓨터나 인터넷을 하기가 힘들어요. 우리나라 국민 가운데 글을 못 읽고 못 쓰는 사람이 얼마나 많은지 성 장관도 알고 있지요?"

대통령과 성 장관의 목소리는 금세 심각해졌다.

"저도 안타깝습니다. 하지만 지금으로서는 글자를 모르는 국민이 많을 수밖에 없습니다. 한자는 오만 오천 자쯤 됩니다. 이 많은 글자를 모두 외우는 사람은 지구에 단 한 사람도 없을 것입니다.

보통 사람들은 이천 개쯤 되는 그림을 외울 수 있습니다. 그런데 한자를 다 알려면 보통 두뇌를 넘어설 만큼 공부를 많이 해야 합니다. 적어도 이십 년은 공부해야 한자를 잘할 수 있습니다.

우리가 쓰는 이두는 한자의 순서를 바꿔 만든 것입니다. 그렇기 때문에 한자보다 더 어렵습니다."

대통령은 입을 굳게 다문 채 말없이 먼 산을 바라보았다. 무언가를 깊이 생각하는 듯이 보였다. 잠시 차가운 침묵이 흘렀다.

"성 장관, 지금 우리나라에는 무엇보다 우리 문자가 시급해요. 하루빨리 모든 국민이 누구나 쉽게 읽고 쓸 수 있는 문자가 있어야 해요. 성 장관이 그 일을 꼭 해내세요. 내 남은 대통령 임기를 모두 걸고서라도 성 장관을 도와주겠어요!"

대통령은 성 장관의 손을 힘껏 잡았다. 성 장관은 심장이 뜨거워지는 것을 느꼈다.
그때 비서실장이 달려왔다.
"국무회의를 시작할 시간이 얼마 안 남았습니다."
대통령과 성 장관은 급히 청와대 안으로 들어갔다.
성삼문 장관이 국무회의실 문을 열었을 때, 국무총리와 여러 부서의 장관들이 모두 모여 있었다. 성 장관은 다른 장관들의 눈빛이 따갑게 느껴졌다. 스물여덟 살의 청년 장관을 좋게 보는 사람은 없었다.
강철 대통령이 국무회의실로 들어왔다.
"2050년 11월 11일 대한민국 국무회의를 시작하겠습니다."
회의실 한가운데에 있는 영사기 화면에 한반도 지도가 나타났다. 네 나라로 갈라진 국경선은 여느 때보다 굵고 붉어 보였다. 강철 대통령이 말문을 열었다.

"오늘은 한반도가 네 나라로 나뉜 지 백 년 된 날입니다. 한국 전쟁이 일어나기 전까지만 해도 우리는 하나의 나라였습니다.

오늘은 여러분과 한반도 통일 문제를 진지하게 이야기해 보려 합니다. 물론 옛날에도 한반도는 여러 나라로 나뉜 적이 있습니다. 삼국 시대에는 고구려, 백제, 신라로, 후삼국 시대에는 고려, 후백제, 신라로 나뉘었습니다. 그러나 그때는 한 나라로 통일하려고 노력했습니다. 서로 같은 민족, 한 민족이란 생각을 했기 때문입니다."

대통령은 국무총리와 장관들의 눈빛을 하나씩 맞추면서 말을 이었다.

"그러나 지금은 다릅니다. 지금의 네 나라는 같은 민족이란 생각이 흐려지고 있습니다. 그 까닭은 말이 다르기 때문입니다.

백 년 전까지만 해도 우리 민족은 모두 같은 말을 썼습니다. 같은 말은 우리 민족을 하나로 묶어 주는 끈이었습니다. 그런데 지금은 다릅니다. 북쪽에 살고 있는 조선 사람들은 중국말을 씁니다. 동쪽의 동한은 영어를 쓰고 있고, 리틀 아메리카라고 할 만큼 미국 문화에 젖어 있습니다. 남쪽에 살고 있는 일한 사람들은 일본말을 씁니다. 바다 건너 일본과 더 가까워지고 있고, 우리나라와는 점점 멀어지고 있습니다. 우리말이 없어지면 우리 민족도 없어집니다. 우리는 우리말을 못 지켰습니다. 그래서 민족도 못 지켰고 나라도 나뉘었습니다. 지금 네 나라에 사는 국민은 통일을 할 생각을 못합니다. 말이 안 통하니 문화와 풍습이 달라지고 지금은 생각마저 달라졌습니다. 이대로 간다면 네 나라는 완전히 다른 나라가 될 것입니다."

언어가 사라지면 민족도 사라질까요?

어떤 민족이든 자기 나라 말을 못 지키면 민족도 없어져요. 옛날부터 중국에는 여진족이란 민족이 있었어요. 지금도 중국에 여진족이 팔백만이나 되지요. 그런데 여진족의 말이 없어져서 지금은 여진족 말을 아는 사람이 십만도 안 돼요. 그래서 여진족은 이미 사라진 민족이 되었어요.

정반대도 있어요. 티베트는 작은 민족이었지만 중국의 침략으로 티베트라는 나라는 없어졌어요. 그러나 티베트는 여전히 하나로 뭉쳐 꾸준히 독립운동을 하고 있어요. 나라도 없는 티베트 민족이 독립운동을 하면서 강하게 살 수 있는 까닭은 자신들의 말을 굳게 지켜서예요. 말은 민족을 하나로 뭉치게 해 주는 힘이 있어요.

국방부 장관이 마이크를 잡고 힘주어 말했다.

"통일을 하는 가장 빠른 방법은 강력한 국방입니다. 최첨단 무기와 강한 군대만 있으면 지금 당장에라도 쳐들어가서 항복을 받아 낼 수 있습니다. 명령만 하시면 제주도에서 백두산까지 단숨에 쓸어버리겠습니다!"

이어 통일부 장관이 목소리를 높였다.

"절대 안 됩니다! 같은 민족끼리 더는 피를 흘려서는 안 됩니다. 그동안 전쟁으로 얼마나 많은 사람이 죽고 다쳤습니까? 전쟁이 끝나고 평화가 찾아온 지 이제 겨우 백 년밖에 안 지났습니다. 무력 통일은 꿈에도 꾸지 마십시오. 평화롭게 통일하는 방법을 찾아야 합니다."

"그런 방법이 있기나 합니까? 그동안 얼마나 많이 연구했소? 시간만 낭비했지 소득 하나 없었소. 말씀해 보시오!"

국방부 장관이 큰 소리로 통일부 장관한테 말했다. 금방이라도 싸울 것만 같았다. 통일부 장관은 입술을 깨물면서 아무 말도 못했다. 답답했던지 대통령이 나섰다.

"다른 의견 없습니까?"

"제가 한 말씀 드려도 될까요?"

성삼문 장관이었다. 장관들의 눈이 한꺼번에 모아졌다.

"저는 한시라도 빨리 우리 문자를 만들어서 네 나라가 함께 쓰면 된다고 봅니다. 서로 말이 통하면 생각도 통하고 상대방을 이해할 수도 있으니까 한결 가까워질 것입니다."

장관들의 표정이 살짝 일그러졌다.

"푸하하!" "하하하!" "으하하!"

국무회의장이 차가운 웃음바다로 바뀌었다. 성 장관은 어리둥절해서 두리번거렸다. 국방부 장관이 빈정거렸다.

"문자가 하루아침에 뚝딱 만들어질 수 있는 것입니까? 그리고 문자를 만든다고 한들, 어느 세월에 전 국민한테 가르칠 수 있단 말이오? 지금 쓰는 이두도 어려워서 못 읽고 못 쓰는 국민이 한둘이 아닌데요."

"대한민국 사람 누구나 쉽게 배우고 쓸 수 있는 문자가 있습니다. 훈민정음입니다!"

"알아요, 알아. 그런데 훈민정음은 옛날에 있었다고 전설로나 전해져 오는 문자지, 실제로 한 번도 못 본 문자 아닙니까?"

"아닙니다! 있습니다! 지금 제가 가져왔습니다!"

성 장관은 한글자 박사의 집에서 가져온 한문 소설책을 꺼내 숨어 있는 비밀 문자를 벽에 비추었다. 국무회의장이 술렁거렸다.

"이것이 1443년 세종대왕이 직접 만든 훈민정음입니다. 연구를 하면 할수록 참으로 놀라운 문자입니다. 이 책에는 슬기로운 사람은 하루면 문자를 다 배우고, 어리석은 사람이라도 열흘이면 문자를 읽고 쓸 수 있다고 적혀 있습니다."

"뭐요? 열흘이라고 했소? 십 년이 아니고?"

국무총리가 깜짝 놀라 되물었다. 성 장관은 자신만만했다.

"네. 지금까지 연구한 결과를 설명해 드리겠습니다. 들어 보시면 더 놀랄 것입니다."

훈민정음(한글)은 왜 놀라운 문자일까요?

훈민정음은 한글의 옛날 이름이에요. 한글은 세계에서 가장 쉬우면서도 표현력이 뛰어난 문자예요.

한글은 자음 열네 개와 모음 열 개만 알면 금방 글을 쓰고, 자기 생각을 나타낼 수 있어요. 스물네 자만 알면 글자를 1만 1,172개나 만들 수 있어요.

또 한글은 세계에서 가장 많은 소리를 나타낼 수 있어요. 못 적는 소리가 거의 없고 말하는 대로 쓸 수 있어요. 그런데 영어나 중국어, 일본어는 안 그래요. 세계 그 어느 나라 말도 한글만큼 많은 소리를 내지는 못해요. 한글은 한 글자를 한 소리로 읽는, 세계에서 하나뿐인 '낱소리 글자'이기 때문이지요.

ㄱㄴㄷㄹㅁㅂㅅㅇㅈㅊㅋㅌㅍㅎ
ㅣㅡㅏㅓㅗㅜㅛㅕㅠ

미국의 어느 언어학자는 한글을 '아침글자'라고 말했어요. 모든 사람이 단 하루면 배울 수 있다는 뜻이지요.

한글의 글자 모양을 살펴보세요. 마치 도형처럼 점, 수직선, 수평선, 사선, 동그라미로 돼 있어요. 반듯반듯해서 알아보기도 쉽고, 서로 더해서 다른 글꼴로 만들 수도 있지요.

한글은 세계에서 하나뿐인, 만든 사람을 아는 문자예요. 전 세계에는 오천 개가 넘는 말이 있어요. 이 가운데 문자가 있는 말은 백 개가 조금 넘는데, 많이 쓰는 문자는 열세 개뿐이지요. 이 문자 가운데 만든 사람을 알 수 있는 문자는 한글뿐이에요.

훈민정음이란 백성을 가르치는 올바른 소리라는 뜻이에요. 이름에서도 알 수 있듯이 훈민정음은 모든 사람이 읽고 쓸 수 있게 만들었어요. 가난해서 못 배우고, 글자를 몰라 억울한 처지에 놓인 사람들이 쓰기에 좋은 문자지요. 세계에서 백성을 생각해 왕이 몸소 문자를 만든 것도 한글뿐이에요.

성 박사의 설명이 끝나자 대통령이 손뼉을 쳤다. 그러자 다른 장관들도 덩달아 손뼉을 쳤다. 대통령은 한껏 들뜬 목소리로 물었다.

"훌륭한 설명이었습니다. 언제부터 우리 국민한테 한글을 가르칠 수 있습니까?"

성 박사는 말문이 막혔다. 어쩔 줄 몰라 하는 얼굴이었다.

"곧바로 가르치기는 어렵습니다. 세종대왕이 훈민정음을 만들다가 포기했습니다. 그래서 지금 우리나라 언어학자들이 훈민정음을 완성하려고 연구하고 있습니다."

"그러니까 그게 언제입니까?"

"사실대로 말씀드리자면 훈민정음을 어떤 원리로 만들었는지 못 알아내고 있습니다. 아무리 연구해도 글자를 어떻게 만들었는지,

어떤 글자에서 어떤 발음이 나는지 알 수 없습니다. 더 많은 시간을 들여 연구해야 합니다."

자신만만했던 성 장관의 목소리가 차츰 힘을 잃어 가고 있었다. 회의장 이곳저곳에서 한숨이 터져 나왔다. 국방부 장관은 얼굴이 벌겋게 달아올라 큰소리로 말했다.

"젊은 장관이 대통령한테 인정을 받으려고 쓸데없는 얘기를 지껄였습니다. 괜한 얘기로 회의장만 소란스럽게 만들었습니다. 아직 못 만든 문자로 어떻게 한반도를 통일할 수 있단 말입니까? 가장 확실한 방법은 강력한 무기와 군대뿐입니다!"

대통령은 어금니를 깨물며 천장만 바라보았다. 성 장관은 고개를 푹 숙였다.

'세종대왕이 훈민정음을 완성만 했더라도 우리나라의 역사는 바뀌었을 텐데……'

그날 국무회의는 아무것도 얻은 게 없이 끝나고 말았다.

한글자 박사 살인 사건이 난 지 한 달이 지났지만 해결의 실마리를 못 찾았다. 김종서 형사는 처음으로 사건을 목격한 한글자 박사의 이웃집 남자를 불렀다. 수사를 처음부터 다시 시작해야 하기 때문이다.

"그날 술 한잔 하고 정신이 흐리멍덩해져서 아파트 계단을 비틀비틀 올라오고 있었습니다. 복도가 캄캄하더라고요. 더듬더듬 계단을 오르는데 어디선가 후닥닥 소리가 나는 거예요. 난 화들짝 놀라 뒤로 자빠질 뻔했어요. 문 여닫는 소리가 쾅쾅 들리더니 우당탕 뛰는 소리도 들리고……. 하여간 정신을 쏙 빼놓는 게 한두 사람이 아니었어요."

"잠깐만요. 흐리멍덩, 비틀비틀, 캄캄, 더듬더듬, 후닥닥, 화들짝, 쾅쾅, 우당탕……. 경찰서에서는 이런 말 쓰면 안 됩니다. 이런 말은 글자로 못 쓰거든요."

김 형사는 손사래를 쳤다.

"그런 소리를 정말 들었는데 나보고 어떻게 말하란 말이오?"

이웃집 남자는 퉁명스럽게 대꾸했다.

김 형사는 답답했던지 자리에서 일어나 물을 벌컥벌컥 마시면서 중얼거렸다.

"말을 해도 글자로 못 쓰는데 어떻게 진술서를 쓰란 말이야? 간단한 말도 글자로 못 쓰는 문자를 문자라고 할 수나 있는 거야?"

옆에 앉아서 컴퓨터를 하던 황진 수사관이 고개를 돌렸다.

"어제 오늘 일인가요? 컴퓨터로 문서를 만들 때도 하나하나 한자를 찾아서 입력하면 눈이 핑핑 돌아요. 한 문장 쓰는 데 시간이 얼마나 많이 걸리는지 몰라요."

황 수사관은 이웃집 남자한테 진술서를 내밀었다.

"여기에 이름 적고 서명하세요."

이웃집 남자는 쭈뼛거리더니 이름을 적는 칸에 십자가를 그렸다.

"이름을 적으셔야죠."

"죄송합니다. 제가 글자를 못 써요. 그래서……."

김 형사는 진술서 작성을 포기한 듯 눈을 지그시 감고 고개를 끄덕였다.

"애쓰셨습니다. 그만 돌아가시지요."

황 수사관은 서류를 정리하면서 푸념했다.

"문맹률이 너무 높아요. 글자를 모르는 국민이 한둘이 아니에요. 중국의 한자를 바꿔서 우리말로 쓰려니 너무 어려워요. 우리 부모님도 글을 잘 못 읽어서 내가 편지를 보내면 학교 선생님한테 읽어 달라고 하신다니까요. 글자를 모르니까 사회생활도 제대로 할 수가

없어요."

김 형사는 살짝 입술을 깨물었다.

"이름을 쓰라고 하면 십자가, 동그라미, 네모, 세모를 그리는 사람이 많아. 글자를 모르니 법도 모르지. 경찰서에 끌려와도 자기가 무슨 죄를 지었는지 모르는 사람도 많아. 가벼운 죄를 지었어도 무거운 벌을 받고 교도소로 잡혀 가기도 해. 억울하고 딱한 노릇이야."

"공부를 꽤 했다는 요즘 젊은 사람들도 우리말과 글을 잘 몰라요. 오히려 영어나 일본말을 더 좋아한다니까요. 이두보다 쓰기 쉽고 외국 사람들과 이야기 나눌 수도 있고, 컴퓨터나 인터넷 쓰기에도 편하니까요. 거리에 있는 간판 좀 보세요. 이곳이 한국인지 외국인지 알 수가 없어요. 아예 우리말과 글을 없애고, 일본말이나 영어를 우리말로 쓰자고 내세우는 사람들이 점점 늘어나고 있어요."

김 형사는 팔짱을 끼면서 창밖을 바라봤다.

"이러다가는 우리말도 완전히 사라지겠구먼. 아버지를 파파로 부르고, 어머니를 마마로 불러야 하는 건 아닌지 모르겠어. 훈민정음이랬나? 성 장관이 발견한 우리나라 문자 말이야. 세종대왕이 훈민정음을 완성해 보급했다면 지금 어떻게 됐을까?"

황진 수사관이 프린터에서 문서를 뽑았다.

"우리나라 국민 누구나 글을 읽고 쓸 수 있겠지요. 인터넷을 하거나 휴대전화로 문자를 보낼 때도 얼마나 편하겠어요. 그런 얘기를 지금 해서 뭐 해요. 정말 꿈만 같은 일인걸요. 이제 와서 부러워해봐야 소용없어요. 역사를 바꿀 수는 없으니까요."

그때 띠리링 하고 전화벨이 울렸다.

"특수수사부 김종서 형사입니다."

"성삼문 장관입니다. 지금 바로 만날 수 있습니까?"

"물론입니다. 어디로 가면 될까요?"

"청와대로 오세요. 한시라도 빨리 오십시오. 대통령께서 부르십니다."

"청와대요?"

김 형사는 깜짝 놀라 자리에서 벌떡 일어났다.

십수 년 동안 범죄 현장을 수없이 경험한 김종서 형사였지만, 대통령을 직접 만난다는 것만으로도 몸이 굳어지면서 손끝이 떨렸다. 청와대 회의실에는 성삼문 장관과 장영실 박사가 먼저 와서 기다리고 있었다. 김 형사는 자기도 모르게 딱딱하게 가만히 앉은 채 대통령을 기다리고 있었다.

"대통령께서 들어오십니다."

세 사람은 의자에서 벌떡 일어났다. 김 형사는 어색하게 군인처럼 거수경례를 했다. 대통령은 웃으며 손을 건넸다. 김 형사는 딱딱하게 굳은 몸으로 엉덩이를 빼고 엉거주춤 손을 잡았다.

"반갑습니다. 김 형사의 놀라운 활약은 많이 들었습니다."

김 형사는 대통령을 텔레비전에서만 보다가 직접 만나 보니 동네 아저씨처럼 친근했다. 장영실 박사는 회의실 불을 끄고 벽에 영상을 비췄다. 김 형사는 자기가 왜 이런 자리에 불려 왔는지 알 수 없어서 눈만 껌벅거렸다. 스크린에 태양을 중심으로 행성들이 돌아가는 장면이 나타났다. 장영실 박사는 앞에 나섰다.

"지금부터 이 자리에서 오간 이야기는 무슨 일이 있어도 무덤에 들어갈 때까지 아무한테도 말하지 마십시오. 오늘 제가 여러분을 급하게 모신 것은 우리나라의 역사를 바꿀 기회가 다가오고 있기 때문입니다."

'역사를 바꿔?'

김 형사는 방금 들은 말인데도 잘못 들은 게 아닌지 자신의 귀를 의심했다.

"이걸 보십시오. 지금 태양계에는 놀라운 일이 벌어지고 있습니다. 태양 한가운데로 행성들이 십자가 모양으로 서고 있습니다. 완벽한 십자가 모양을 갖추면 행성들 사이에 아주 센 힘이 생겨납니다. 이 힘은 행성 사이의 시간에도 영향을 줍니다."

장 박사는 종이 한 장을 펼치더니 반으로 접었다.

"종이의 양쪽은 결코 만날 수 없습니다. 그러나 이렇게 접으면 양쪽이 만납니다. 시간도 마찬가지입니다. 서로 다른 시간대는 결코 못 만납니다. 그러나 행성들 사이의 강력한 힘으로 양쪽 시간이 만나게 됩니다. 이것이 바로 시간 터널입니다."

스크린 위에 지구를 중심으로 모래시계 같은 모양이 나타났다.

흥미로운 듯 대통령의 눈빛이 반짝였다.

"시간 터널 속으로 들어가면 어떻게 됩니까?"

"원하는 시간으로 가서 시간 여행을 하게 됩니다. 과거로 갈 수도 있고 미래로 갈 수도 있습니다."

"놀랍군요. 그런데 실험을 해 봤습니까?"

"아니요. 아직 가설일 뿐입니다. 하지만 모든 진리는 가설로 시작했습니다."

"안 위험합니까?"

"위험합니다. 시간 터널로 들어가는 사람뿐만 아니라 우주 전체가 위험합니다. 잘못해서 우주 전체의 시간이 엉킨 실타래처럼 꼬이게 되면, 우주의 시간은 걷잡을 수 없이 망가집니다. 그러면 우주가 파괴될 수도 있습니다. 그래서 시간 터널로 들어갈 사람은 단 세 사람으로 정했습니다."

"시간 터널은 얼마마다 한 번씩 열립니까?"

"저도 잘 모르겠습니다. 어쩌면 과거로 갈 기회는 우리가 늙어 세상을 뜰 때까지 다시는 안 올지도 모릅니다. 대통령 님, 우리나라는 지금 위기에 빠져 있습니다. 우리는 어떻게 해서든지 607년 전 옛날로 가서 훈민정음을 완성해야 합니다. 한반도를 통일하고, 우리 후손들의 미래를 지키려면 반드시 해야 합니다. 이것은 가설이 아니라 사명입니다!"

장 박사가 속마음을 거침없이 다 드러내어 말하자 갑자기 분위기가 숙연해졌다. 그때 김 형사가 뒤통수를 긁으면서 어눌한 목소리로 말했다.

"그런데…… 말입니다. 저는 왜 부르셨는지요?"

성 장관이 자리에서 일어서더니 조금도 망설이지 않고 대통령한테 말했다.

"저와 장 박사, 김종서 형사가 세종대왕을 만나러 가겠습니다. 김종서 형사는 우리를 안전하게 목적지까지 보호해 줄 으뜸 경호원입니다."

"경…… 경호원요? 누가요?"

김 형사는 당황해서 말도 안 나왔다. 대통령은 감격했는지 김 형사와 장 박사, 성 장관의 손을 힘껏 잡았다.

"정말 믿음직스럽습니다! 벌써 반은 성공한 것 같군요."

"아니, 저…… 저는 가는 게 아니라……."

김 형사가 기어들어가는 목소리로 중얼거렸다. 대통령은 어리둥절해서 물었다.

"무슨 의견 있습니까?"

"아닙니다! 저도 영광입니다!"

김 형사는 자기도 모르게 말을 내뱉었다.

시간 터널이 열리는 날이 다가왔다. 김 형사와 성 장관은 북한산으로 발걸음을 옮겼다. 그곳에는 장 박사가 비밀리에 마련해 놓은 특수 연구실이 있었다. 세 사람은 군 기지로 썼던 지하 막사로 내려갔다. 여러 전선과 기계들이 복잡하게 얽혀 있었다. 한가운데에 사람 키 높이만 한 쇠기둥이 두 개 서 있었다. 김 형사는 두리번거렸다. 아무리 둘러봐도 시간 터널 같은 것은 안 보였다.

"터널이 어디에 있다는 거요?"

"이것이 시간 터널입니다."

장 박사는 쇠기둥을 가리켰다.

"두 기둥 사이에 강력한 전자파가 발생하면서 터널이 생길 것입니다. 보십시오."

말이 떨어지기 무섭게 장 박사는 기계의 스위치를 올렸다. 지진이 난 것처럼 웅 하는 소리가 지하를 울리는가 싶더니, 쇠기둥 사이로 푸른빛이 번쩍였다. 조금 뒤 쇠기둥 사이에 뭔가 나타나더니 물결처럼 조용히 찰랑거렸다. 그 푸른 빛깔이 매우 아름다워 김 형사는 자기도 모르게 손을 대려고 했다.

"건드리지 마세요! 아직 위험합니다!"

장 박사의 외침에 김 형사는 깜짝 놀라 뒤로 물러섰다.

장 박사는 손에 은빛 상자를 들고 있었다.

"이건 티타늄으로 만든 타임캡슐입니다. 타임캡슐 안에 우리 사진과 우리의 마지막 모습을 찍은 영상 테이프 그리고 우리나라 역사책을 넣을 겁니다. 후세 사람들은 우리가 지금 쓰는 글자를 모를 수도 있습니다. 그래서 그림글자와 뜻글자, 소리글자 세 가지로 역사책을 만들었습니다."

그림글자, 뜻글자, 소리글자란 어떤 글자일까요?

그림글자

그림글자는 그림으로 만든 글자예요. 지도에 나오는 기호, 도로 표지판, 안내판 같은 것이 그림 글자지요. 글자를 모르는 사람도 한눈에 보고 무슨 말인지 알 수 있어요. 그렇지만 복잡한 뜻은 전달할 수 없어요.

뜻글자

뜻글자는 그림을 서로 모아 만든 글자예요. 상형문자라고도 하지요. 한자나 이집트 글자가 뜻글자예요. 그렇지만 글자를 모두 안 외우면 무슨 뜻인지 알 수 없어요. 이집트 글자는 칠백 자의 뜻글자로 되어 있어요. 너무 어려워서 몇몇 사람만 쓸 수 있었지요. 이집트 상류 계층 사람들은 자신의 특별한 권리나 이익을 챙기려고 백성한테 문자를 안 가르쳐 주었어요. 한자도 뜻글자예요. 한자는 모두 오만 오천 자로 되어 있어요. 글자수가 많아 글자를 다 외우는 사람이 거의 없지요.

소리글자

　소리글자는 소리 나는 대로 쓰는 글자예요. 말하는 것과 쓰는 것이 똑같아서 그림글자와 뜻글자보다 매우 쉽지요. 한글과 영어가 대표 소리글자지요.

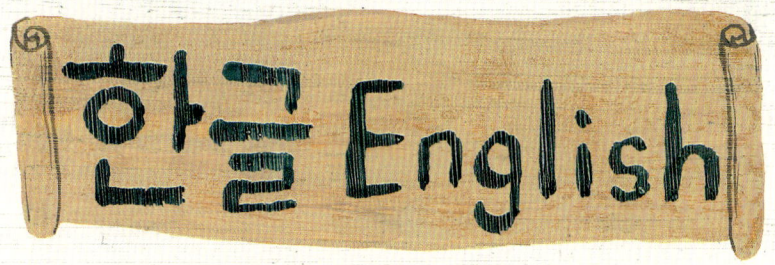

　김 형사는 역사책을 살펴보며 중얼거렸다.
　"글자도 종류가 있었나? 이쯤이면 외계인이 봐도 알 수 있겠네."
　장 박사는 타임캡슐 안에 들어 있는 물건들을 하나하나 살폈다.

"만약 우리가 훈민정음을 완성하면 역사는 지금과는 다르게 바뀔 것입니다. 그러나 후세 사람들은 역사가 바뀌었는지 모릅니다. 우리나라가 이두를 썼다는 것도 모르고, 네 개 나라로 갈라져 전쟁을 했다는 사실도 모를 것입니다.

더 중요한 사실은 아무도 우리를 기억하지 못한다는 것입니다. 역사가 바뀌었기 때문에 우리가 살았는지 아무도 모를 것입니다. 그래서 우리를 후세 사람들한테 알리려고 타임캡슐을 만들었습니다."

장 박사는 자못 진지했다. 성 장관이 차분한 목소리로 물었다.

"우리한테는 성공이 없다는 말이네요."

"맞습니다. 우리가 성공을 해도 이 시대에서는 잊혀집니다. 실패를 해도 마찬가지고요. 오늘 이 시간 뒤로 우리 세 사람은 교통사고로 죽은 사람들입니다.

이 계획은 대통령만 압니다. 만약 이 계획이 세상에 알려진다면, 모든 나라가 우리나라를 손가락질할지도 모릅니다. 역사를 조작했다는 혐의라도 받는다면 강대국들이 우리나라를 가만 안 둘 것입니다. 전쟁을 해서라도 우리나라를 멸망시키려고 할 수도 있습니다. 이것은 신의 섭리를 깨는 일이니까요."

장 박사의 말에 분위기는 더욱 무겁게 가라앉았다. 김 형사는 억지로 웃으면서 여유 있어 보이려고 했다.

"죽으러 가는 사람처럼 다들 왜 그래요? 분위기 어색하게……. 장 박사님, 시간 터널로 다시 돌아오면 되지요?"

"아직 돌아오는 방법은 모릅니다. 이 기계들을 과거로 가져갈 수도 없고요."

김 형사는 자리에서 벌떡 일어났다.

"갈 수만 있고 올 수는 없어요? 난 나이 마흔에 아직 결혼도 안 한 노총각이라고요."

"우리도 총각이거든요."

두 사람이 똑같이 대답하곤 서로 얼굴을 마주 보았다.

"이건 내가 태어나서 지금까지 본 것 가운데 가장 무모하고, 겁 없고, 바보 같고 어이없는 짓입니다. 대한민국 대표 형사 김종서가 이런 황당한 작전을 하다니요."

"강요하지는 않겠습니다. 우리와 같이 갈 겁니까 말 겁니까?"

김 형사는 심장이 두근거리고 식은땀이 났다.

"좋아요! 다 좋아! 시간 터널로 들어가기 전에 실험이나 해 봅시다. 처음부터 무작정 사람이 들어가는 건 위험할 수도 있잖아요."

"그럽시다. 내가 실험용 개를 데려오겠습니다."

장 박사는 실험용 진돗개를 끌고 왔다. 개의 몸에 무선으로 된 심장 박동기를 연결했다. 개가 살아 있는지 심장박동 소리로 확인하려는 것이다. 아무것도 모르는 개는 꼬리를 흔들며 천천히 시간 터널 속의 푸른 물결로 사라졌다. 다들 잠시 조용했다. 김 형사는 침을 꼴깍 삼켰다. 심장 박동기에서는 아무런 소리도 안 들렸다. 심장이 멈춘 것이다. 김 형사는 자신의 심장이 멈춘 것만 같았다.

"헉! 어떻게 된 거요?"

"아마 시간의 강물 속에서 길을 잃고 완전히 사라졌나 봅니다."

"사라지다니요?"

"먼지보다 더 작은 원자로 산산이 분해되어 없어졌을 겁니다."

"뭐…… 뭐라고요?"

김 형사는 말문이 막혔다. 갑자기 겁이 나서 다리가 후들거렸고 큰 덩치에 안 어울리게 눈물이 왈칵 쏟아졌다. 그때 시간 터널 위로 푸른 물결이 출렁거렸다. 기계에서 '띠링띠링' 소리가 울리고 빨간 불이 번쩍거렸다.

"시간이 없습니다. 기회는 한 번뿐입니다. 지금 이 기회를 놓치면 언제 다시 시간 터널이 열릴지 알 수 없습니다."

성 장관이 가방을 둘러멨다.

"나부터 들어가겠소. 김 형사는 그만 울고 바로 뒤따라 들어오시오."

"내가 언제 울었다고 그래요? 흑흑."

김 형사의 눈에서 닭똥 같은 눈물이 떨어졌다. 성 장관은 망설임 없이 푸른 물결 속으로 사라졌다. 김 형사는 여전히 발걸음을 뗄 수 없었다. 뒤에서 장 박사가 힘껏 김 형사를 밀었다. 김 형사는 얼떨결에 푸른 물결 속으로 쑥 빨려 들어갔다. 장 박사는 연구실을 한 번 둘러봤다. 그리고 미리 설치해 놓았던 시한폭탄의 폭발 시간을 1분 30초 다음으로 맞추었다.

'이제 모든 것이 사라질 거야.'

장 박사는 손을 뻗어 푸른 물결을 만졌다. 조금 차가웠을 뿐 고통은 없었다. 조심스럽게 발걸음을 뗐다. 무지갯빛이 온몸을 감쌌다.

장영실은 머리가 깨질 듯이 아파왔다. 어디선가 산새가 찌르르 울었다. 졸졸졸 물 흐르는 소리도 들렸다. 장영실은 고개를 흔들면서 정신을 차리려고 애썼다. 숨을 쉴 수 있는 것만으로도 안심이 됐다.

'이곳은 어딜까?'

깊은 숲 속이었다. 몸은 납덩어리처럼 무거웠고 옆구리와 다리가 아파 움직일 수가 없었다.

"워워, 어서 가자!"

사람 목소리가 들렸다. 급한 마음에 장영실은 수풀 속으로 몸을 숨겼다. 소달구지를 끌고 가는 농부였다. 상투를 튼 것으로 보아 옛날 사람이 틀림없었다.

'어느 시대인지는 모르겠지만 과거로 오긴 왔구나. 그나저나 성삼문 장관과 김종서 형사는 어디로 간 거야?'

장영실은 메고 있던 배낭을 풀었다. 무전기를 꺼내 두 사람한테 연락을 할 생각이었다.

'아니, 이럴 수가!'

무전기는 완전히 녹이 슬어 형체를 알아볼 수 없었다. 수백 년이

나 지난 것 같았다. 나침반이나 다른 특수 장비들도 고물이 돼 있었다. 비상 식량은 썩은 채 말라비틀어졌다. 그러고 보니 입고 있는 옷도 구멍이 숭숭 뚫리고 다 해져 있었다.

'거지 가운데서도 상거지 꼴이구먼. 이대로 다른 사람한테 들켰다가는 수상한 사람으로 몰리겠어. 날이 어두워질 때까지 꼼짝 말고 숨어 있어야겠어.'

장영실은 참을성이 강했고 매우 신중했다. 확실한 일만 시도했다. 장영실은 사흘 동안이나 낮에는 산속에 숨어 있었고, 밤에만 마을 둘레를 살피면서 성삼문과 김종서를 찾았다. 두 사람의 흔적은 어디서도 찾을 수 없었다. 살았는지, 원자로 분해돼 사라졌는지 알 수 없었다.

장영실은 우리나라에서 머리가 가장 뛰어났지만, 지금 이 상황에서는 다른 보통 사람처럼 허둥댔다. 무엇을 어떻게 해야 할지 뾰족한 방법이 안 떠올랐던 것이다.

과거로 온 지 닷새째 되는 날 밤, 장영실은 너무나 배가 고파 흙이라도 퍼 먹고 싶은 마음이었다. 그래서 마을 언저리에 있는 고구마밭으로 조심스럽게 내려갔다. 갓난애 주먹만 한 고구마를 캐자마자 우적우적 씹어 먹었다. 이렇게 달콤한 고구마는 태어나서 처음이었다.

"네 이놈! 어디서 도둑질이냐!"

갑자기 어둠 속에서 고함을 지르며 누군가 뛰어나왔다. 장영실은 너무 놀라 숲 속으로 도망갔다. 하지만 멀리 도망가지도 못하고, 몽둥이로 머리를 얻어맞곤 기절했다. 차가운 물이 얼굴로 쏟아졌다. 장영실은 흠칫 놀라 눈을 번쩍 떴다. 양쪽 팔이 뒤로 꺾인 채 온몸이 줄로 꽁꽁 묶여 있었다.

"사또, 농부가 이상한 도둑놈을 잡아 왔습니다요. 옷도 요상하고 머리를 오랑캐 놈들처럼 바짝 깎았습니다요. 그런데 몸을 아무리 뒤져도 호패(조선 시대 때 열여섯 살 넘은 남자가 갖고 다녀야 할 신분증)가

장영실, 감옥에 갇히다

없습니다요."

장영실은 둘레를 둘러보았다. 관가가 틀림없었다. 그렇다면 저 사람들은 이방이나 형방일 테고, 높은 의자에 앉아 수염을 쓰다듬는 저 사람은 이곳에서 가장 높은 현감(사또)일 것이다.

"이놈! 정체가 무엇이냐? 바른 대로 말하렷다!"

장영실은 입을 꾹 다물었다. 아니, 무슨 말을 어찌 해야 할지 몰랐다.

"말을 안 하는 걸 보니 더 수상하구나. 이놈은 아무래도 왜국의 첩자로 보인다. 바른대로 말할 때까지 매우 쳐라!"

"아, 아닙니다. 저는 조선 사람입니다."

"오호, 이놈이 말을 할 줄 알았던 게로구나. 어서 네놈의 정체를 밝혀라!"

사또의 목소리가 쩌렁쩌렁 울렸다.

"저는 그러니까……, 그냥 사람입니다."

"하하하! 이놈이 실성을 했나? 우리가 널 여우나 곰으로 생각하고 잡아온 줄 알았더냐?"

사또는 어이가 없었는지 웃음을 터트렸다. 옆에 있던 이방과 형방도 배를 잡고 웃었다. 장영실은 조금 안심이 됐다.

"물어볼 것이 있습니다. 지금 임금님이 누구십니까?"

"아니, 아직 그것도 모른단 말이냐? 태종의 셋째 아드님이 아니시더냐."

세종대왕은 어떤 사람일까요?

우리나라에는 셀 수 없을 만큼 많은 왕이 있었지요. 그 많은 왕 가운데 우리나라 사람들이 가장 존경하는 왕은 바로 세종입니다.

세종은 1397년 태종의 셋째 아들로 태어났어요. 어려서부터 머리가 총명하고 공부를 매우 열심히 했어요. 기억력이 놀라울 만큼 뛰어났으며, 말솜씨가 논리에 맞아서 사람들을 놀라게 했지요.

세종은 책벌레였어요. 밥을 먹으면서도 책을 펴 놓고 읽었지요. 책을 너무 많이 봐서 몸이 약해지자, 아버지 태종이 책을 모두 빼앗아 버리기도 했어요. 그래서 세종은 구석에 숨어 있던 책을 꺼내 백 번이고, 천 번이고 읽었다고 해요.

옛날 법도에 따르면 왕의 자리는 맏아들이 이어받는 것이었어요. 세종은 셋째 아들이었기 때문에 왕이 될 수 없었지요. 그러나 아버지 태종은 세종이 백성을 잘 다스리는 어진 임금이 될 것을 알고, 위로 두 형이 있었지만 세종한테 왕위를 주었어요.

1418년 6월, 세종은 스물두 살 나이로 조선의 네 번째 임금이 됐어요. 아버지 태종은 세종한테 태평성대를 열어야 한다는 말을 자주 했어요. 태평성대란 모든 백성이 근심 걱정 없이 잘 살 수 있는 세상을 말하지요.

세종은 32년 동안 나라를 다스리며 훌륭한 일을 정말 많이 했어요. 문화를 발전시키고, 법을 만들고, 나라를 안정시켰으며, 왜구를 물리쳐 나라를 튼튼하게 만들었어요.

장영실은 딱 맞춰 조선 시대로 찾아와 하늘을 날듯이 기뻤다. 이제 세종을 만나는 일만 남았다.

"고맙습니다. 정말 고맙습니다."

사또는 어리둥절해하면서 장영실을 물끄러미 내려다보았다.

"사또, 제가 급하게 주상전하를 만나야 할 일이 있어 아주 먼 곳에서 왔습니다. 한시라도 빨리 주상전하를 만나게 해 주십시오."

"뭐라고? 이놈이 실성을 해도 한참 했구나! 감히 전하를 욕보이려 들어? 이놈 정신이 돌아올 때까지 세게 쳐라!"

사또는 불같이 화를 냈다. 장영실이 뭐라 변명을 하기도 전에 포졸들의 매서운 매가 엉덩이로 날아들었다.

퍽! 어이쿠! 퍽! 으악!

장영실은 엉덩이가 퉁퉁 붓도록 볼기를 맞았다. 그런 다음 어두컴컴한 감옥에 갇혔다. 장영실은 끙끙 앓았다.

어둠 속에서 누군가 다가왔다. 얼굴에 턱수염이 시커멓게 난 남자였다.

"많이 아프슈? 이 약초를 바르면 좀 나을 거외다."

남자는 장영실의 바지를 걷어 내리더니 엉덩이에 약초를 발라 주었다.

"고맙소만 좀 살살해 주십시오. 내가 이따위 곤장이나 맞으려고 600년 넘게 거슬러 온 게 아닌데……."

"뭐라고 했소?"

"아, 아닙니다. 댁은 누구십니까?"

남자는 코를 '흥' 하고 풀고는 체념한 듯이 말했다.

"댁이 알아서 뭘 하우? 살아서는 감옥 밖으로 나가지도 못하는 목숨인걸."

"무슨 죄를 지었기에 그런 무거운 벌을 받았습니까?"

"무슨 죄를 지었는지 알기라도 하면 내가 이렇게 억울하고 원통하지는 않겠소. 산에서 노루 한 마리를 잡았는데, 다음 날로 이렇게 잡혀 와 감옥에서 몇 년째 살고 있소."

장영실은 놀란 얼굴로 남자를 꼼꼼하게 살폈다. 못 먹었는지 얼굴은 창백했고, 몸은 말라 갈비뼈가 드러났다.

"노루 한 마리 잡았다고 멀쩡한 백성을 함부로 벌을 줄 수는 없습니다. 뭔가 오해가 있었을 겁니다. 법대로 공정하게 재판을 해 달라고 하십시오."

"법이 뭔지 나 같은 무식한 놈이 어찌 알겠소. 난 내 이름 석 자도 쓸 줄 모르는 놈이오. 한자는 글자 수가 너무 많고 복잡해서 엄청나게 많은 것을 외워야 한다고 들었소. 그러니 우리 같은 농사꾼이 어찌 배울 수 있겠소. 농사일이 많아 아침부터 밤까지 일만 해도 시간이 모자라는데 글을 어떻게 배우겠소? 온종일 편안히 앉아 책이나 읽는 양반들이나 배울 수 있는 거지.

양반들은 농사꾼은 글자를 모르는 것이 낫다고 생각하고 있소. 백성이 글자를 알면 양반을 무시하고 양반들의 말을 안 들을 거라고 생각하기 때문이오."

"그렇다면 재판을 안 받았습니까?"

"재판을 하긴 했소. 그런데 법을 들먹이는 통에 뭔 말인지 도무지 못 알아들었소. 그저 머리를 조아리고 '모두 다 제 잘못입니다. 용서해 주십시오.' 하고 빌었더니만 요 모양 요 꼴이 됐소. 집에 홀로 계신 늙으신 어머니가 끼니나 안 거르시는지 걱정입니다. 글자를 안다면 판결문이라도 읽어 보고 싶소만……."

턱수염 남자는 고개를 푹 숙였다. 울고 있는지 어깨가 들썩거렸다. 장영실이 조심스럽게 말을 꺼냈다.

"내가 한자를 좀 아는데, 판결문을 봐 드릴까요?"

"정말이오? 정말 그렇게 해 준다면 평생 은인으로 모시겠소."

턱수염 남자는 감옥 앞을 지키는 포졸을 불렀다. 그러고는 판결문을 읽어 보게 해 달라고 간절히 부탁했다. 눈물을 흘리며 애원하자 포졸은 형방(사또 밑에서 죄인을 다루는 관리)한테 말해 보겠다며 돌아갔다.

다음 날 점심때가 다 지날 무렵이 되자 형방이 감옥으로 찾아와 창살 사이로 판결문을 들이밀었다.

"네놈이 글자를 아느냐?"

"제가 아니라 이 사람이 글을 안답니다. 이두를 스무 해나 공부했답니다."

"이 오랑캐 첩자 놈이 이두를 알아? 어디 한 번 읽어 보아라."

장영실은 판결문을 줄줄 읽어 내려갔다. 장영실이 살던 시대에서는 안 쓰던 낱말이 몇 개 있었지만, 앞뒤 문맥을 보니 충분히 읽을 수 있었다. 형방의 눈이 휘둥그레졌다.

"오호, 이놈 봐라. 정체가 더 수상하구나."

판결문에는 주인이 있는 산에서는 함부로 사냥을 하면 안 되며, 만약 주인 몰래 사냥을 하다가 잡히면 열다섯 해 동안 감옥에 갇히거나, 사냥 값의 열다섯 배를 물어내야 한다고 적혀 있었다. 더구나 사냥을 해서 잡은 노루의 수도 달랐다.

"형방 나리. 이 사람은 노루를 한 마리밖에 안 잡았는데, 어째서 수십 마리를 잡았다고 적혀 있습니까? 이 사람은 주인이 있는 산인지도 몰랐습니다. 그리고 늙으신 어머니의 병을 낫게 하려고 노루를 잡았습니다. 부모의 병을 고치려고 자기도 모르게 저지른 잘못이라면, 죄를 가볍게 해 줄 수도 있지 않습니까?"

형방은 입을 삐죽 내밀며 노려보았다.

"내 사또한테 말해 보겠다. 하지만 이미 끝난 재판이니 크게 기대

하진 말아라."

형방이 돌아가자 장영실은 포졸한테 먹과 종이를 가져다 달라고 부탁했다. 그러고는 사또한테 편지를 썼다. 앞으로 농사를 지어 산 주인한테 노루 열다섯 마리 값을 곡식으로 치를 터이니 풀어 달라는 내용이었다. 포졸은 편지를 들고 사또를 찾아갔다.

그날 저녁 사또가 형방과 함께 횃불을 들고 감옥으로 왔다.

"편지 잘 읽어 보았다. 네가 남의 산인지도 몰랐던 데다가, 어머니의 병을 고치려고 한 일이니 용서해 주겠다. 산 주인도 이미 용서를 했으니 갚을 필요도 없다. 지금 당장 풀어 주마."

"고맙습니다, 사또 나리. 정말 고맙습니다."

턱수염 남자는 바닥에 머리를 쿵쿵 찧으면서 고마워했다. 그러고 나서 장영실을 얼싸안고 눈물을 펑펑 흘렸다.

"이보시오. 당신은 나와 우리 어머니의 목숨을 살렸소. 당신의 은혜를 평생 잊지 않겠소. 감옥에서 나가면 나도 어떻게 해서라도 글자를 배우겠소."

"그러시오. 한자보다 쉽게 읽고 쓸 수 있는 글자가 있다면 오죽 좋겠습니까."

글자를 알면 죽을 목숨도 살릴 수 있다는 것을 장영실도 처음 알았다.

감옥에는 장영실 혼자 남았다. 한시라도 빨리 감옥에서 나가 세종을 찾아가야 했지만 그럴 수 없는 것이 원통했다. 장영실의 눈에

피눈물이 맺혔다. 사또가 그런 장영실을 불렀다.

"네 이름이 뭐라고 했더냐?"

"장영실이라고 합니다."

"글을 잘 쓰더구나. 예전에 어디서 무슨 일을 했더냐?"

"손재주가 있어서 이것저것 잘 만듭니다."

"내일 네 솜씨를 보여 봐라."

다음 날 장영실은 도르래를 써서 물건을 손쉽게 들어 올릴 수 있는 기중기를 만든 다음 무거운 돌을 옮겨 무너진 성벽을 쉽게 쌓았다. 아주 간단한 과학 원리로 만들었는데, 사또와 관가 사람들은 놀라서 입을 못 다물었다.

며칠 뒤 장영실은 대장간을 찾아갔다. 광석을 제련해 만든 강철로 강한 칼을 만들었다. 장영실이 만든 칼로 돌을 내리치자 불꽃이 일며 돌이 쪼개졌고, 사또의 칼을 내리치자 칼이 두 동강이 났다. 사또와 관가 사람들은 또 한 번 놀라 탄성을 질렀다.

"하늘도 놀라고 땅도 감탄할 재주로구나! 감옥에 가둬 두기에는 솜씨가 아까우니 관가에서 일을 거들어라. 허나, 도망치다가 잡히면 죽음을 면치 못할 것이다!"

사또는 장영실한테 창고 한쪽에 작업실을 마련해 주었다. 장영실은 감옥에서 풀려나긴 했어도, 관가를 절대로 벗어날 수 없는 노비 신세가 되었다.

장영실은 농기구를 개량하고, 새로운 무기를 만들거나 고쳤다.

호시탐탐 탈출할 기회를 노렸지만, 어디로 어떻게 가야 임금을 만날 수 있을지 알 수 없었다. 더구나 나중에 알고 보니 장영실이 있는 곳은 서울이 아니라 부산이었다.

'이게 무슨 꼴인가. 노비의 신분으로 어떻게 임금을 만날 수 있단 말인가!'

장영실은 밤마다 달을 보면서 숨죽여 눈물을 흘렸다. 한 달 두 달……, 시간은 강물처럼 흘러만 갔다.

장영실한테 느닷없이 기적이 찾아왔다. 장영실이 감옥에 갇힌 지 한 해가 된 어느 날, 사또는 장영실을 불렀다.

"내가 그동안 널 살펴봤지만 오랑캐의 첩자로는 안 보이는구나. 하늘 아래 너처럼 재주 있는 자는 또 없을 것이다. 임금께 네 얘기를 했더니 널 궁궐로 보내라고 명하셨다."

장영실은 자신의 귀가 의심스러웠다. 세종이 천한 노비를 직접 만나시겠다니, 상상도 할 수 없는 일이었다. 사또는 얼굴 가득 웃음을 띠었다.

"지금 임금은 지금까지 봐 왔던 임금들과는 정말 다르시다. 도천법이란 법을 만들어 천민이라도 재주가 뛰어나면 인재로 뽑으신다 하셨다. 네가 하찮은 노비일지라도 벼슬(관리의 자리)을 얻을 기회를 주신 것이니, 궁궐로 가서 네 솜씨를 마음껏 펼쳐 보여라."

그 길로 장영실은 한양에 있는 궁궐로 갔다. 부산에서 한양까지 보름 동안 걷고 또 걸어서 갔지만 힘든 줄 몰랐다.

세종대왕이 머무는 경복궁은 이른 아침부터 바빴다. 신하들과 내시들, 궁녀들이 우르르 몰려왔다가 어디론가 사라지곤 했다.

장영실은 경복궁 수정전 앞에서 무릎을 꿇은 채 머리를 조아리고 세종을 기다리고 있었다. 훈민정음이 기록된 비밀 문서가 발견된 수정전은 집현전으로 쓰고 있었다.

세종은 집현전 학사들과 몇 시간째 이야기를 나누고 있었다. 조금 뒤 세종은 대신들과 함께 집현전을 나섰다. 장영실은 얼른 달려가 넙죽 엎드렸다.

'얼마나 오랫동안 기다린 기회였던가!'

장영실은 너무 기뻐서 세종의 다리를 끌어안고 엉엉 울고 싶은 마음이었다. 세종 옆에 서 있던 내시가 허리를 굽실거렸다.

"이 사람은 부산 동래청 관가의 노비였던 장영실이라고 합니다. 재주가 출중하여 인재로 뽑혔습니다."

"네 소문은 익히 들었다. 내 너한테 벼슬을 내릴 테니, 연구에 힘써 백성들이 편안히 살 수 있게 하길 바란다."

장영실은 벼슬까지 준다는 말에 귀가 번쩍 뜨였다. 그러나 아직 정체를 밝힐 때는 아니라고 생각했다. 세종이 멀리 사라질 때까지 장영실은 그 자리에서 엎드려 있었다. 그때 누군가 장영실의 어깨를 툭툭 쳤다.

"혹시 장영실 박사?"

"아니! 이게 누구십니까? 어떻게 여기에서……?"

장영실은 기쁘고 놀란 마음에 더는 말을 못했다. 장영실은 기뻐서 성삼문과 김종서를 얼싸안고 울고 또 울었다.

"이곳에서 이러시면 안 됩니다. 남들 눈도 있으니 광으로 갑시다."

세 사람은 궁궐 한쪽 구석에 있는 어두컴컴한 광으로 들어갔다. 장 박사는 성삼문과 김종서를 위아래로 훑어보았다. 성삼문은 학이 그려진 관복을, 김종서는 호랑이가 그려진 관복을 입고 있었다.

"이게 어떻게 된 일입니까?"

"우리는 장영실 박사가 죽은 줄로만 알았어요. 아무리 찾아도 행방을 알 수 없었습니다. 우리는 세종을 만나려고 갖은 방법을 다 썼지요. 다행히 과거 시험을 봐서 나는 문과에 급제하여 집현전 학사가 되었습니다. 김종서 형사는 무과에 급제한 다음 무술 시험에서 우승해서 장군이 되었습니다. 그나저나 옷차림이 이게 뭡니까? 노비도 아니고."

"노비 맞습니다. 부산 동래청에서 노비로 잡혀 있었습니다. 그곳에서 글자를 몰라 억울하게 옥살이하던 사람을 여럿 구했습니다. 한시라도 빨리 훈민정음을 만들어 백성한테 가르쳐야만 합니다."

"그렇고말고요. 그런데 세종은 뛰어난 언어학자이십니다! 내가 따라가지 못할 만큼 수준이 높으십니다. 내가 뭘 도와야 할지 모를 지경입니다."

장영실은 눈을 크게 떴다.

"성삼문 장관은 온 세계가 알아주는 천재 언어학자 아닙니까? 그런데 세종을 못 따라갈 실력이라니 못 믿겠습니다."

"그 분과 몇 마디만 나눠도 얼마나 다양한 지식을 갖고 있는지 혀를 내두를 지경입니다. 외국에서 구할 수 있는 언어학 책이란 책은 모두 구해서 달달 외울 만큼 읽고 또 읽으신 분입니다.

　세종께서는 '말은 눈에 안 보이나 소리와 뜻이 있다.' 라고 말씀하셨습니다. 그래서 '말을 눈으로 볼 수 있도록 모양을 주는 것이 글이니, 소리 나는 대로 말을 글로 쓸 수 있으면 배우기도 쉽고 읽기도 쉽다. 그래서 나는 한자처럼 뜻글자를 만들지 않고 소리글자를 만들 것이다.' 라고 자주 말씀하십니다."

세종대왕은 훈민정음을 왜 소리글자로 만들었을까요?

소리 나는 대로 글을 쓸 수 있으면 읽고 쓰기가 쉽지요. 그런데 한자는 안 그랬어요. 한자는 소리 나는 대로 안 쓰고, 뜻에 따라 쓰는 뜻글자예요. 표의문자라고도 하지요.

하늘을 하늘이라 안 쓰고 天(천)이라고 썼어요. 엄마를 母(모)라고 썼으며, 나무를 木(목)이라고, 강아지를 犬(견)이라고 썼어요. 그러니까 말과 글이 서로 안 맞고 따로 놀았지요. 또 복잡하고 외워야 할 것이 너무 많아 쓰기도 불편했어요. 우리말은 칵, 퍽, 웩 같은 말을 쓸 수 있는데, 한자는 이런 소리를 쓸 수 없어요. 한자는 소리 나는 대로 못 적는 문자니까요.

세종대왕은 소리가 나는 대로 글자를 쓸 수 있는 소리글자를 만들었어요. 쓰기도 쉽고 읽기도 쉬우니, 많은 사람이 금세 글을 읽고 쓸 수 있지요. 또 세종대왕은 글자 모양을 아주 간단하게 만들어서 외우기 쉽게 했어요.

"놀랍군요! 세종께서 말씀하신 대로만 문자가 만들어진다면 세계에서 가장 쉬운 문자가 탄생할 것입니다. 그런데 지금 얼마나 만들었습니까?"

성삼문은 고개를 절레절레 흔들었다.

"저도 잘 모릅니다. 워낙 어려운 작업이라 저도 지금 세종께 배우고 있습니다."

"그렇다면 세종대왕 혼자서 훈민정음을 만들고 있다는 말입니까? 다른 학자의 도움도 없이요?"

"그럴 수밖에 없습니다. 도와드리려고 해도 뭘 알아야 돕지요. 집현전 안에는 세종께서 새로운 글자를 만드는 것을 반대하는 학사들도 많습니다. 나랏일이 바쁜데 임금께서 글자로 장난을 치고 있다고 비웃는 자도 있습니다."

화를 참을 수 없었던지 장영실은 주먹을 불끈 쥐고 부르르 떨었다.

"이…… 이런 망할 놈들! 그게 누굽니까?"

"최만리를 비롯해 김문, 정찬손 같은 사람들입니다. 반대하는 사람들이 한둘이 아닙니다. 높은 관직에 있는 늙은 학사들이라 나도 눈치만 보고 있습니다."

성삼문도 입술을 깨물며 안타까워했다. 그때 망을 보던 김종서가 소리를 질렀다.

"쉿! 조용히 하시오. 누가 오고 있소."

세 사람은 어둠 속에서 쥐 죽은 듯이 숨을 멈추었다. 김종서가 다가왔다.

"됐습니다. 장금이라는 궁녀였습니다. 우리 정체가 알려지면 큰일입니다. 당장 미친 놈으로 오해받아서 궁궐에서 쫓겨날 수도 있습니다."

장영실은 두 사람의 손을 힘껏 잡았다.

"이제 세 사람이 다시 뭉쳤으니 작전을 시작합시다. 오늘 밤에 세종대왕이 자는 방으로 찾아갑시다. 드디어 역사를 바꾸는 일만 남았습니다!"

집현전은 어떤 곳일까요?

서울 종로 세종로에는 경복궁이 있어요. 경복궁 안에 수정전이란 건물이 있는데 이 건물이 바로 집현전으로 썼던 곳이에요.

집현전은 우리나라 으뜸 도서관이자 학문 연구 기관이었어요. 고려 시대 때부터 있었지만 세종대왕이 크게 발전시켰지요. 집현전은 원래 대궐 밖에 있었는데, 세종이 자신의 잠자는 방과 가까운 곳에 크게 지었어요.

옛날에는 책이 몹시 귀했고 값도 비싸서 책을 읽고 싶어도 많이 못 읽었지요. 세종은 새로운 책을 많이 만들었고, 외국에서 책을 많이 사들였어요. 그래서 집현전에는 책이 아주 많았어요. 세종은 또 장서각이라는 도서관을 크게 지어 학사들이 공부할 수 있도록 바탕을 마련해 주었어요.

집현전에는 머리 좋은 사람들이 모여서 연구를 했어요. 이 사람들을 학사라고 했지요. 세종은 집현전 학사들한테 '죽을 때까지 연구만 할 것을 약속하라.'고 말했어요. 연구가 힘들기는 정말 힘들었나 봐요. 몇몇 집현전 학사들은 제발 쫓아내 줬으면 좋겠다고 푸념을 했다니까 말이에요.

세종은 집현전 학사들한테 '사가독서'라는 것을 주기도 했어요. 나랏일이나 돈 버는 일에는 마음을 안 쓰고, 오로지 집이나 절에서 연구만 하도록 오랜 시간 동안 휴가를 주는 것이었지요.

집현전에는 학사들이 열 사람 있었다가 점차 스무 사람으로 늘었어요. 최만리와 김문, 정찬손, 신석조, 하위지, 송처검, 조근처럼 나이 든 학사들과 성삼문, 정인지, 신숙주, 박팽년, 이선로, 이개, 강희안 같은 젊은 학사들이 있었지요.

집현전 학사들은 농사와 의학, 지리, 역사 같은 정말 많은 연구를 했어요. 그래서 《농사직설》《태종실록》《삼강행실도》《팔도지리지》《향약집성방》《동국정운》 같은 백성들이 사는 데 필요한 책을 만들어 나누어 주었어요. 세종이 다스리던 시대를 '우리나라 문화의 황금 시대'였다고 후세 사람들은 말하고 있어요.

장영실과 성삼문, 김종서는 세종의 방 둘레로 몰래 숨어들었다. 방안에서 세종의 인자한 목소리가 희미하게 들렸다.

"이것을 천천히 읽어 보아라."

"아, 에, 가, 카, 커······."

"이것도 천천히 읽어 보아라."

"고, 쿄, 캬, 쿠, 터······."

어둠 속에 숨어 있던 김종서가 고개를 갸웃거리며 성삼문한테 속삭였다.

"도대체 무슨 소리입니까?"

"어린 아이들 목소리인데······. 아! 세종의 아들과 딸의 목소리 아닙니까? 세자와 수양대군, 안평대군 그리고 정의공주입니다. 그런데 이 밤중에 세종께서는 뭘 하는 거지요?"

세종의 목소리가 다시 들렸다.

"이번에는 입을 크게 벌려 '아' 하고 소리 내 보아라. '가' 하고 소리 내 보아라."

세자와 대군들, 공주는 합창을 하듯이 하라는 대로 따라 했다.

"아, 가."

"옳지, 잘했다! 다른 소리를 낼 때마다 입속 모양이 바뀌는구나. 혓바닥과 목구멍이 어떻게 움직이는지 조금은 알 것 같다. 오늘은 그만하고 내일 다시 해 보자. 돌아가서 편히 쉬어라."

세종은 대군들과 공주를 모두 돌려보냈다. 세종의 방은 새벽이 가까워서야 불이 꺼졌다. 침소 앞을 지키던 내시가 잠깐 졸던 틈을 타서, 세 사람은 몰래 세종의 방으로 숨어들었다. 세종은 어수선한 발걸음 소리를 듣고 번개같이 일어서며 재빠르게 머리맡에 있는 긴 칼을 빼들었다. 파란 칼날이 공기를 가르며 김종서의 머리 쪽으로 날아왔다. 김종서는 깜짝 놀라 바닥에 납작 엎드렸다. 성삼문과 장영실도 겁을 집어먹고 덩달아 엎드렸다. 세종이 천둥 같은 고함을 질렀다.

"웬 놈들이냐!"

"전하 접니다! 칼을 거두어 주십시오."

세종은 고개를 내밀면서 세 사람 얼굴을 꼼꼼하게 살폈다.

"너는 김종서 장군이 아니더냐! 그리고 집현전의 성삼문 학사와 과학기술자 장영실까지? 이 밤중에 무슨 일로 찾아왔느냐?"

"전하! 드릴 말씀이 있어 찾아왔습니다. 용서해 주십시오."

세종은 칼을 거두며 큰 소리로 웃었다.

"허허허! 그럴 만한 까닭이 있겠지. 내가 너무 놀라게 했나 보다. 거기 편히 앉게나."

세 사람은 그제야 마음이 놓였다. 성삼문이 조심스럽게 말문을 열었다.

"저희는 지금부터 600년쯤 뒤의 미래 세상에서 왔습니다. 전하를 도와 훈민정음을 완성하려고 온 것입니다."

세종은 의심스러운 눈초리로 바라보았다. 상대방의 마음을 꿰뚫어 보는 듯한 눈빛이었다.

"내가 그 말을 믿기를 바라느냐?"

"저희가 미래 세상에서 가져온 물건은 모두 망가졌습니다. 지금은 저희의 신분을 증명할 방법은 없습니다. 하지만 반드시 믿으셔야 합니다. 그래야 역사를 바꾸고 후세 사람들을 구할 수 있습니다."

세종은 고개를 갸웃거렸다. 눈치를 보던 김종서가 갑자기 구구단을 외웠다. 세종과 두 사람은 어리둥절해했다.

"구구 팔십일, 십일은 십, 십이는 이십……."

김종서는 구단을 넘어서도 계속 외웠다. 세종의 눈동자에 밝은 빛이 스치고 지나갔다. 눈치를 챈 성삼문과 장영실도 김종서를 따라 신 나게 십구단을 외워 나갔다.

"십구십칠은 삼백이십삼, 십구십팔은 삼백사십이, 십구십구는 삼백육십일……."

입속의 과학을 글자로 그리다

세종이 손짓을 하며 웃었다.

"됐다! 나도 곱셈을 할 줄 알지만, 여태껏 십구단은 들어본 적이 없구나. 너희가 미래에서 왔다는 걸 믿어 보자. 600년쯤 뒤의 세상은 어떻게 바뀌어 있느냐?"

성삼문은 문자가 없어서 사람들이 아직도 이두를 쓰고 있다는 것과 글자를 모르는 국민이 너무 많다는 이야기를 했다. 또 전쟁으로 한반도가 네 나라로 쪼개졌으며, 서로 다른 문자를 쓰는 탓에 이제는 거의 다른 나라가 되어버려, 통일은 꿈도 못 꾸고 있다는 것도 얘기했다.

세종의 얼굴은 점점 심각해졌다.

"이제는 아예 우리말보다 영어나 일본말을 배우려는 국민이 많습니다. 네다섯 살 된 어린애한테 외국 말을 가르칩니다. 이대로 가다가는 우리말이 사라질 판입니다."

세종은 분노를 참을 수 없었던지 주먹을 쥔 채 책상을 '쾅' 하고 내리쳤다. 세 사람은 놀라서 몸을 움찔했다.

"우리말을 버리는 것은 우리나라를 버리는 것과 같다. 스스로 내 나라를 외국에 갖다 바치는 자들이 어찌 우리나라 사람이라고 할 수 있단 말이냐. 내가 임금의 자리를 내놓을지언정 무슨 수를 써서라도 훈민정음을 완성하고 말리라! 이 나라 이 땅에 문자가 없어서 억울하고, 불행하고, 안타까운 일이 안 일어나도록 하리라!"

세종은 어금니를 질끈 깨물었다.

그때 장영실이 나섰다.

"전하, 궁금한 것이 있습니다. 아까 어린 세자와 대군들이 '고, 쿄, 캬, 쿠, 터……'라고 합창을 하던데, 무엇을 한 것입니까?"

"그것은 닿소리를 만들려는 것이야."

"닿소리라니요?"

세종은 책상 위에 종이 한 장을 펼쳐 놓았다. 종이에는 사람의 입 모양을 해부라도 한 것처럼 입속 모양이 자세하고 정확하게 그려져 있었다.

"닿소리는 자음이야. 자음은 혼자 소리를 못 내고 모음과 닿아야만 소리를 내기 때문에 닿소리라고 이름 붙였지.

나는 자음의 모양을 어떻게 만들까 많이 생각했어. 그러다가 뜻보다는 소리를 나타내는 글자를 만들어야겠다고 마음먹었지. 소리

입속의 과학을 글자로 그리다 81

가 나는 대로 글자를 쓸 수 있다면, 아주 쉽게 글자를 배울 수 있을 테니 말이야. 그래서 대군들과 공주를 불러 여러 가지 발음을 시켜 봤는데, 발음을 할 때마다 입 모양이 조금씩 달라진다는 것을 알아 냈네."

세종의 설명은 매우 흥미로웠다. 세 사람은 정신을 바짝 차리고 세종의 말에 귀를 기울였다. 세종은 입 안을 그린 그림을 가리키면서 하나씩 설명했다.

"나는 자음을 입 안에서 소리를 내는 발성기관의 모습을 그대로 본떠서 만들었네. 잘 보게. 우리가 말을 할 때 어금니와 혀, 입술과 이, 목구멍이 서로 다르게 움직이면서 소리를 내지."

성삼문은 세종의 설명에 혀를 내둘렀다.

"참으로 놀랍군요! 엑스레이도 없을 텐데 어떻게 입속의 구조를 속속들이 알아내셨습니까? 우리가 살던 미래 세상의 해부학을 뛰어 넘는 수준이십니다!

"허허! 이쯤 갖고 뭘 그리 놀라는가. 이제 시작인데. 아직 놀랄 일은 많이 남아 있어.

나는 글자들을 너무 많이 만들면 안 된다고 생각했네. 왜냐하면 백성은 농사일로 바빠서 글자를 공부할 시간이 없어. 짧은 시간에 글자를 빨리 배울 수 있으려면 글자 수가 적어야지. 그러면서도 우리가 입으로 내는 소리를 모두 글자로 적을 수 있어야 으뜸 문자라고 할 수 있어."

"그렇습니다! 하지만 그것은 꿈같은 얘기입니다. 겨우 글자 몇 개로 어떻게 입에서 내는 모든 소리를 적을 수 있다는 말입니까?"

"허허허! 다른 사람은 몰라도 언어에 조예가 깊다는 성삼문 학사가 그런 말을 하니 좀 실망이구먼. 잘 들어보게. 난 먼저 가장 기본이 되는 다섯 글자를 만들었어. ㄱ, ㄴ, ㅁ, ㅅ, ㅇ이네. 이것은 소리가 나오는 입속 모양을 본떠서 만든 글자야. 말을 할 때 입 모양을 자세히 관찰해서 글자로 만든 거지."

성삼문은 무슨 말인지 몰라 고개를 갸웃거렸다.

"어떻게 글자 모양을 입속 모양으로 만들 수 있지요?"

"어금니, 혀, 입술, 이, 목구멍의 모양에 따라 어금닛소리는 ㄱ, 혓소리는 ㄴ, 입술소리는 ㅁ, 잇소리는 ㅅ, 목구멍소리는 ㅇ으로 만들었네.

그러니까 이 다섯 글자만 외우면 자음의 기본은 거의 다 배운 것이나 마찬가지야. 나머지 글자는 다섯 글자를 바탕으로 비슷한 모양으로 만들었기 때문에 쉽게 배울 수 있지. 기본 글자에 줄기를 하나씩 덧붙여서 만들었어. ㄱ으로 ㅋ을, ㄴ으로 ㄷ과 ㅌ을, ㅁ으로 ㅂ과 ㅍ을, ㅅ으로 ㅈ과 ㅊ을, ㅇ으로 ㆁ(옛이응), ㆆ(된이응, 여린히읗)과 ㅎ을 만든 거야. 또 입에서 소리가 세게 나오는 거센소리가 있는데, ㅊ, ㅋ, ㅌ, ㅍ이 그렇지. 또 같은 글자를 겹쳐 써서 된소리 ㄲ, ㄸ, ㅃ, ㅆ, ㅉ을 만들었네.

마지막으로 ㄹ은 혀의 모양을 본떠서 ㄷ에 ㄱ을 덧붙여서 만들고, ㅿ(반치음)은 이 모양을 본떠서 만들었지. 내 솜씨가 어떤가?"

"전하! 설명만 듣고서도 모두 알겠습니다! 정말 대단한 발명이십니다."

"하하하! 그렇게 알아주니 정말 고맙구먼. 하지만 아직 못다 한 연구가 많아. 자네들이 이렇게 긴 시간을 거슬러 찾아왔으니, 나도 힘을 더 내서 한시라도 빨리 완성해야겠어. 그렇게 하려면 임금 자리에서 물러나 있어야 할 것 같네."

세 사람은 깜짝 놀라 눈이 휘둥그레졌다.

"네? 임금 자리에서 물러나다니요?"

"훈민정음을 완성하려면 그 방법밖에는 없네."

세종은 단호하게 말했다. 새벽이 밝아오는지 어디선가 닭 우는 소리가 들렸다.

자음(닿소리)은 어떻게 만들었을까요?

'ㄱ(기역)'이라고 말해 보세요. 혀의 뒤쪽 그러니까 어금니에 닿는 혀의 뿌리 쪽이 위로 굽어지죠? 그래서 목젖 가까이 붙어서 목구멍을 막는 모양이 되지요. ㄱ은 바로 그 모양을 본뜬 거예요.

'ㄱ'과 같은 입 모양으로 나는 소리가 있는데, 바로 'ㅋ(키읔)'과 'ㄲ(쌍기역)'이에요. 글자 모양도 비슷하지요. 혀의 뿌리가 어금니에 닿으면서 나는 소리라고 해서 어금니소리 또는 아음(牙音)이라고 해요.

'ㄴ(니은)'이라고 말해 보세요. 혀의 앞쪽이 우묵하게 구부러지면서 혀의 끝이 윗 잇몸에 가서 붙을 거예요. 혀의 모양이 ㄴ처럼 되지요? ㄴ은 바로 그 모양을 본뜬 거예요. 'ㄷ(디귿)', 'ㅌ(티읕)', 'ㄸ(쌍디귿)'도 ㄴ과 비슷한 입 모양에서 나는 소리예요. 그래서 글자 모양도 비슷하지요. 혀의 끝이 윗 잇몸에 닿으면서 나는 소리라고 해서 혓소리 또는 설음(舌音)이라고 해요. 'ㄹ(리을)'은 반혓소리 또는 반설음 이라고 해요.

'ㅁ(미음)'이라고 말해 보세요. 아래 위의 두 입술이 열렸다가 서로 붙죠? 입술의 모양을 그대로 본떠서 만든 글자가 ㅁ이에요. 'ㅂ(비읍)'과 'ㅍ(피읖)', 'ㅃ(쌍비읍)'도 말해 보세요. ㅁ과 같은 입 모양에서 소리가 날 거예요. 입술에서 나는 소리라고 해서 입술소리 또는 순음(脣音)이라고 해요.

'ㅅ(시옷)'이라고 말해 보세요. 혀의 끝쪽과 윗니 사이가 좁아지면서 바람 소리가 나죠? 이 모양을 그대로 본떠 만든 것이 ㅅ이지요. 'ㅈ(지읒)', 'ㅊ(치읓)', 'ㅆ(쌍시옷)', 'ㅉ(쌍지읒)'도 똑같은 입 모양에서 나는 소리예요. 이 소리들을 이에서 나는 소리라고 해서 잇소리 또는 치음(齒音)이라고 해요.

'ㅇ(이응)'이라고 말해 보세요. 입안이 뚫리면서 목구멍이 울리죠? ㅇ은 바로 목구멍의 동그란 모양을 그대로 본뜬 것이지요. ㅇ과 똑같은 입 모양에서 나는 소리로 'ㆁ(옛이응)', 'ㆆ(된이응)', 'ㅎ(히읗)'이 있어요. 이 가운데 'ㆁ(옛이응)'과 'ㆆ(된이응)'은 지금은 사라진 글자지요. 목구멍에서 나는 소리라고 해서 목구멍소리 또는 후음(喉音)이라고 해요.

다음 날 세종대왕은 조정 대신들을 불렀다.

"지금 이 시간부터 나는 임금의 자리에서 떠나 있겠소. 앞으로 나랏일은 세자와 정승들한테 맡기겠소."

대신들은 당황했다.

"전하, 임금의 자리에서 떠난다는 것은 부모가 자식을 버리는 것과 같사옵니다. 혹여, 저희가 충성스럽지 못했다면 호되게 꾸짖어 주시되, 자리를 떠난다는 말씀은 제발 거두어 주십시오."

"그대들이 잘못해서도 아니고, 부모가 자식을 버리는 것도 아니오. 훌륭한 부모는 고기를 주는 게 아니라, 고기 잡는 법을 가르쳐 주는 것이오. 그래서 어쩔 수 없이 떠나 있는 것이니 부족한 부모의 마음을 헤아려 주길 바라오."

"전하, 아니 되옵니다."

대신들은 심하게 반대했지만 세종의 결심을 돌이키지는 못했다. 그날부터 세종은 자신한테 하던 보고를 영의정과 좌의정, 우의정한테 하도록 지시했다. 또 임금의 고유 권한인 마지막 결정도 세자가 하도록 넘겨주었다. 세종은 오로지 자신의 모든 시간과 노력, 정열을 문자를 만드는 것에만 쏟아 부었다.

"아무리 고민해도 좋은 생각이 안 떠오르는구려."

세종은 성삼문과 김종서, 장영실과 함께 뜰을 거닐고 있었다. 성삼문이 물었다.

"무슨 고민 있으십니까?"

"모음을 만들려고 하는데 어떤 모양으로 만들어야 할지 고민이야. 자음은 소리가 나는 입속 모양으로 만들었으니, 모음은 세상 우주의 모양으로 만들고 싶네."

"우주의 모양을 글자로 그린다고요?"

"난 우주의 진리를 글자 속에 담고 싶네. 그러면서 어린아이도 한 눈에 외울 수 있게 안 복잡하고 단순하게 말이야."

"전하, 우주를 그림으로 그려 내기도 어려운데, 어떻게 글자에 우주를 담아 어린애도 쉽게 알 수 있게 만듭니까? 그런 것을 우리는 '코끼리를 냉장고에 넣는 것과 같다.'고 말합니다. 냉장고는 얼음통 같은 것입니다."

"미래 세상 사람들은 엉뚱한 생각을 많이 하는구나. 냉장고 문을 열고 코끼리를 넣으면 되는 것이지 뭘 그리 어렵다고 하느냐?"

"그게 아니오라……."

"처음부터 어렵다고 생각하니까 안 되는 것이다. 잘 보아라. 우주에는 무엇이 보이느냐?"

김종서가 멍한 얼굴로 하늘을 올려다보았다.

"하늘이 있구먼요."

"또?"

김종서는 바닥을 내려다보았다.

"뭐, 땅도 있지요."

"그리고?"

"여기 이렇게 전하와 우리가 있습니다."

"크크크."

김종서의 대답이 멍청하다고 생각한 성삼문과 장영실은 크크거리며 웃었다. 그러나 세종은 달랐다.

"바로 그것이다! 우주에는 하늘과 땅 그리고 사람이 있다. 이것을 천지인(天地人)이라고 하는 것이다. 나는 하늘과 땅, 사람 모양으로 모음을 만들 것이다. 김종서 장군, 정말 고맙네!"

세종은 신바람이 나서 연구실로 뛰어갔다. 김종서는 어리둥절한 얼굴로 눈만 끔벅였다.

"제가 뭘 어쨌다고?"

"전하께서 급히 찾으십니다. 어서 일어나십시오."

장영실과 김종서, 성삼문은 자다가 말고 화들짝 놀라 잠에서 깼다. 세 사람은 부리나케 세종을 찾아갔다.

"내가 드디어 모음을 만들었네!"

몇날 며칠 밤을 지새웠는지 세종의 얼굴은 몹시 지치고 창백했다. 그러나 표정만큼은 보름달처럼 환했다.

세종은 책상 위에 종이 한 장을 펼쳤다. 그 종이에는 단 세 개의 그림이 그려져 있었다.

"이것이 우주야!"

세 사람은 뭔 말인지 몰라 물끄러미 세종의 얼굴만 바라보았다.

"·(둥근 점)은 하늘이야. 하늘의 둥근 모양을 본떠서 만들었지. ㅡ(가로선)은 땅이고, ㅣ(세로선)은 사람이야. 땅의 평평한 모습을 본떠 ㅡ을 만들었고, 사람이 서 있는 모양을 본떠 ㅣ을 만들었어. 이 세 글자만 알면 모음의 절반은 안 것이야."

글자에 담긴 우주의 철학 91

"오, 정말 그런 것 같습니다. 아주 단순하면서도 특징을 꼭 집어 만드셨군요."

"감탄하기는 아직 일러. 나는 이 세 글자에 해가 뜨고 지는 자연의 모습과 해와 사람 사이의 관계를 담았네. 그리고 음양의 철학도 담았어."

"음양이요?"

"우주의 모든 것에는 음과 양이 있지. 남자와 여자, 아빠와 엄마, 낮과 밤, 하늘과 땅, 왼쪽과 오른쪽, 따뜻함과 차가움, 밝음과 어둠, 안과 밖, 홀수와 짝수처럼 말이야. 정반대가 되는 것들이 서로 조화롭게 살아가는 것이 우주의 이치야. 그런데 사람의 말에도 음과 양이 있어. 어떤 말은 밝고, 따뜻하고, 가볍고, 부드럽지만, 또 어떤 말은 어둡고, 차갑고, 무겁고, 딱딱하지.

보기를 들어 볼까? 시냇물이 '졸졸졸' 흐르는 것과 '줄줄줄' 흐르는 것은 느낌이 어떻게 다른가?"

장영실이 고개를 끄덕였다.

"'졸졸졸' 흐르는 것은 밝고, 가볍고, 경쾌하게 들립니다. 그런데 '줄줄줄' 흐르는 것은 강물이 많이 흘러가는 것처럼 무겁고, 어두운 느낌입니다."

성삼문이 말을 이어받았다.

"그렇습니다. 이야기를 '소곤소곤' 한다고 하면 밝고, 가벼운 느낌인데, 이야기를 '수군수군' 한다고 하면 어둡고, 무겁게 들려서

왠지 음침하게 보입니다. '종알종알'과 '중얼중얼'도 그렇습니다."

"그러고 보니 '아장아장'과 '어정어정'도 그렇네요. 아장아장은 아기 걸음처럼 가벼운데, 어정어정은 치질 환자가 걷는 것처럼 불편하고 무겁게 들리네요. 찰랑찰랑, 쫄랑쫄랑. 파릇파릇, 푸릇푸릇. 앙금앙금, 엉금엉금. 도란도란, 두런두런……."

김종서가 너스레를 떨자 모두 크게 웃었다. 세종은 다시 말을 이었다.

"그래서 나는 ·, ㅡ, ㅣ으로 음과 양의 글자를 만들었어. 그 글자들이 바로 네 개의 글자야. ㅗ, ㅏ, ㅜ, ㅓ. 이 네 개의 글자에 한 획씩을 더해 ㅛ, ㅑ, ㅠ, ㅕ를 만들었지.

양은 오른쪽과 위쪽이고, 음은 왼쪽과 아래쪽이야. 그러므로 하늘이 오른쪽과 위쪽에 있는 양의 글자는 ㅗ, ㅏ, ㅛ, ㅑ가 되고, 하늘이 왼쪽과 아래쪽에 있는 음의 글자는 ㅜ, ㅓ, ㅠ, ㅕ야.

ㅗ, ㅏ, ㅛ, ㅑ가 들어간 소리는 밝고, 가볍고, 경쾌하고, 따뜻하지만, ㅜ, ㅓ, ㅠ, ㅕ가 들어간 소리는 어둡고, 무겁고, 차갑고, 딱딱한 거야. 졸졸졸과 줄줄줄, 소곤소곤과 수군수군, 아장아장과 어정어정, 팔랑팔랑과 펄렁펄렁……."

"그렇군요! '아름답다'라는 말이 밝은 것도 'ㅏ'가 들어 있기 때문이고, '어둡다'라는 말이 어두운 것도 'ㅓ'와 'ㅜ'가 들어 있기 때문이군요! 전하, 정말 놀랍습니다!"

세 사람은 서로 얼굴을 바라보면서 감탄했다.

모음(홀소리)은 어떻게 만들었을까요?

자음이 과학이라면 모음은 철학이라고 할 수 있어요. 모음 속에는 우주가 담겨 있어요. 우주를 이루는 하늘과 땅, 사람이 담겨 있지요.

세종대왕은 하늘은 둥근 점(·), 땅은 가로선(ㅡ), 서 있는 사람은 세로선(ㅣ)으로 만들었어요. 둥근 점(·)은 하늘에 있는 태양을 닮았어요. 그래서 땅 위에 있으면 낮이 되고, 땅 밑으로 가면 밤이 되지요. 낮은 밝고 따뜻하며 밤은 어둡고 무거워요. 그래서 ㅗ(오)는 밝고 따뜻한 소리를 내고, ㅜ(우)는 어둡고 무거운 소리를 내지요.

옛날 사람들은 오른쪽을 양, 왼쪽을 음이라고 생각했어요. 그래서 ㅏ(아)는 밝고, 가볍고, 따뜻한 소리를 내고 ㅓ(어)는 어둡고, 무겁고, 차가운 소리를 내지요. 세종대왕이 만든 모음은 모두 열한 자예요.

·, ㅡ, ㅣ / ㅗ, ㅏ, ㅜ, ㅓ / ㅛ, ㅑ, ㅠ, ㅕ 이 중에서 밝은 소리는 ㅏ, ㅑ, ㅗ, ㅛ 어두운 소리는 ㅓ, ㅕ, ㅜ, ㅠ 지요.

'ㅗ(오)'라고 말해 보세요. 입이 오므라지며 소리가 나올 거예요. ㅗ는 ㅡ와 · 가 만난 모양이지요. 그러니까 하늘과 땅이 처음 만나는 모양을 본떠 만든 글자예요.

'ㅏ(아)'라고 말해 보세요. 입이 벌어지면서 소리가 나올 거예요. ㅏ는 ㅣ와 · 가 만난 모양이지요. 하늘과 땅은 사람이 있어야만 그 힘이 이루

어진다는 깊은 뜻이 담겨 있지요.

'ㅜ(우)'라고 말해 보세요. 입을 오므려야만 소리가 나올 거예요. ㅜ는 ㅡ와 ·가 만난 모양이지요. 하늘과 땅이 처음 만난다는 뜻에서 나온 소리예요. 정말 하늘과 땅이 만나면 '우' 하는 소리가 날 것 같죠?

'ㅓ(어)'라고 말해 보세요. 입을 벌리며 내는 소리예요. 이 글자는 ㅣ와 ·가 만난 모양이지요. ㅏ처럼 하늘과 땅이 만나려면 사람이 있어야 한다는 뜻이 담겨 있어요.

세종은 다시 말을 이었다.

"나는 첫소리와 가운뎃소리, 그리고 끝소리가 서로 모이면서 하나의 글자가 되도록 만들었네. 그래서 자음+모음+자음이면 어떤 소리도 글자로 쓸 수 있어. '훈'을 쓰려면 ㅎ+ㅜ+ㄴ을 쓰면 돼. 한 글자에서 하나의 소리만 나도록 만들어서 말하는 대로 글을 쓸 수 있어. 이것을 낱소리라고 하지."

세종의 목소리가 점점 힘을 잃어가고 있었다.

"아! 한쪽 눈이……, 눈이 안 보이는구나."

세종은 한쪽 눈을 감싸쥐고 쓰러졌다. 눈에서 피가 흐르고 있었다.

"전하, 전하! 정신 차리십시오."

漢文! 決死反對! 漢文! 漢文!

훈민정음 반대파

1443년 12월, 경복궁의 아침 공기는 차가웠다. 조정 대신들과 집현전 학사들은 근심스러운 얼굴로 모였다. 세종이 몹시 편찮다는 소식을 전해 들었기 때문이다. 세종의 의사는 영의정인 황희 정승한테 말했다.

　"상감께서는 지난 십여 년 동안 단 하루도 안 쉬고 밤을 지새우며 일을 하셨습니다. 몸이 무쇠라도 못 견딜 텐데 상감께서 어찌 견디시겠습니까? 더구나 눈병이 매우 심합니다. 병의 뿌리가 너무 깊어 어떤 약을 써도 안 듭습니다. 눈을 쓰지 말고 마음 편히 쉬는 방법 말고는 없습니다."

　그때 세종이 불편한 몸으로 나왔다. 한쪽 눈은 퉁퉁 부었고, 얼굴은 핏기 하나 없이 창백했다. 그런데 표정만큼은 햇빛처럼 밝아 대신들을 어리둥절하게 만들었다.

　"허허허! 무슨 걱정들 있으시오? 얼굴들이 왜 이리 어두우시오?"
　황희 정승이 나섰다.
　"몸이 편찮으시다는 소식을 들었습니다."
　"허허허! 내 몸은 내가 잘 압니다. 염려 마시오. 오늘은 실성한 사람처럼 자꾸 웃음이 납니다. 임금이 된 뒤로, 이렇게 기쁜 날은 여태껏 없었소. 허허허!"

"전하께서 기쁘시다니 저도 기쁩니다만, 무슨 일이신지 기쁨을 함께 나누었으면 합니다."

"허허허! 그래야지요. 나는 지난 십여 년 동안 밤낮없이 글자를 만들려고 연구했소. 이제야 그것을 완성했소. 바로 우리나라 글자인 '훈민정음'이오. 이제 우리나라 백성은 어려운 한자를 안 써도 되오. 한자 대신 훈민정음으로 공부하면 누구나 열흘 안에 우리 글을 쉽고 편하게 쓸 수 있소."

"감축드리옵니다!"

"하늘이 놀랄 만한 대단한 일을 하셨습니다!"

집현전 학사인 정인지와 신숙주는 크게 기뻐했다. 성삼문은 감격해서 고개를 바닥에 부딪칠 만큼 몇 번이나 숙였다. 눈물 많은 김종서의 눈에서 닭똥 같은 뜨거운 눈물이 바닥에 떨어졌다.

"감사합니다. 흑흑. 대한민국 만세!"

옆에서 집현전 학사 박팽년이 힐끗 바라보았다.

"대한민국이 뭡니까?"

"기분 좋을 때 쓰는 말입니다. 지화자 같은 것이지요."

"그럼, 나도 대한민국 만세!"

세종의 얼굴에 웃음이 가득했다. 그런데 몇몇 대신들과 집현전의 늙은 학사들 얼굴에 기분 나쁜 속마음이 그대로 드러났다. 그들 모습을 성삼문과 김종서는 이해할 수 없었다. 그때 집현전의 늙은 학사 가운데 하나인 최만리가 말문을 열었다. 최만리는 집현전 부제학으로 집현전에서 두 번째로 높은 지위였다.

"전하, 어찌 애들 장난 같은 일을 하시느라 건강을 해치십니까? 당장 그만두심이 옳을 줄 압니다."

웃음이 가득했던 세종의 얼굴에 갑자기 먹구름이 끼었다.

"애들 장난이라니? 요즘은 애들이 글자로 장난치오?"

그러자 집현전의 다른 학사들인 김문, 정찬손, 신석조가 나섰다.

"전하, 최만리의 말이 맞습니다. 우리한테는 한자라는 중국 글자가 있습니다. 중국은 우리보다 훨씬 뛰어난 나라입니다. 우리도 한자를 써야 중국처럼 될 수 있습니다. 위대한 문자인 한자가 있는데, 유치한 글자는 왜 만드셨습니까? 당장 그만두시고 건강을 돌보십시오."

이번에는 집현전의 하위지, 송처검, 조근 학사가 거들었다.

"그렇습니다. 당장 그만두십시오."

세종의 얼굴은 더욱 어둡고 하얘졌다. 눈을 감고 있는 세종의 눈가가 바르르 떨렸다. 당장에라도 쓰러질 것만 같았다. 성삼문과 김종서, 장영실은 분통이 터지기 일보 직전이었다.

'괘씸한 놈들! 세종께서 피눈물을 흘리면서 십 년을 밤낮없이 연구해서 만든 세계 으뜸 문자를 애들 장난거리라고? 글자를 몰라 억울하게 옥살이를 하고, 목숨까지 잃는 백성은 눈곱만큼도 생각하지 못하는 것들!'

성삼문이 이를 으드득 갈고 있는데 최만리가 다시 나섰다.

"우리는 예부터 위대한 형님의 나라 중국을 본받아 왔습니다. 중국과 다른 문자를 만드는 것은 예의에 어긋나는 일입니다. 중국이 뭐라고 할 것만 같아 두렵습니다. 중국과 다른 문자를 쓰는 것은 우리 스스로 오랑캐가 되는 것입니다. 한자가 아닌 다른 말은 모두 상스럽고 무익하고 야비합니다."

집현전의 다른 학사인 김문도 끼어들었다.

"최만리의 말이 백 번 천 번 옳습니다. 우리는 지금 이두라는 문자를 쓰고 있습니다. 이두는 반드시 한자를 익혀야 쓸 수 있습니다. 만약 관리들이 쉽게 훈민정음을 배운다면 한자를 배우려는 사람은 하나도 없을 것입니다.

또 백성이 글을 알면 골치 아픈 일이 생길 것입니다. 양반의 말을 안 듣고, 오히려 양반을 업신여길 것입니다. 문자는 양반만 알면 되지 아랫것들까지 알 필요가 있겠습니까?"

"이 땅의 백성은 조금도 안 생각하고 중국의 눈치만 살피다니! 당신들은 도대체 우리나라 대신이요, 중국 대신이요? 그러고도 이 나라를 다스리는 대신이라고 할 수 있소!"

 대신들은 여태껏 세종이 화를 내는 모습을 본 적이 없었다. 대신들은 그만 겁에 질렸다.

"여봐라! 훈민정음을 반대하는 자들을 모조리 옥에 가두어라!"

 다음 날 세종은 옥에서 대신들을 풀어 주었다. 세종이 대신들을 가둔 건 반성의 시간을 갖도록 하려는 뜻이었다. 하지만 대신들은 여전히 훈민정음을 거세게 반대했다.

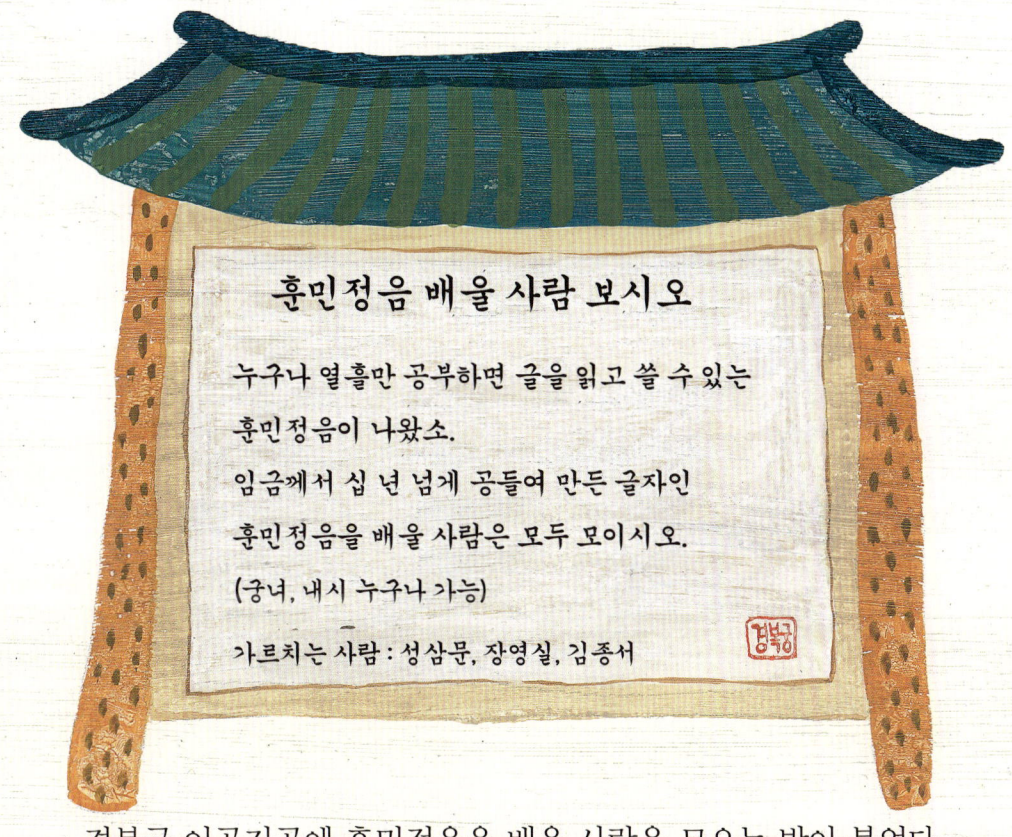

경복궁 이곳저곳에 훈민정음을 배울 사람을 모으는 방이 붙었다. 이른 아침부터 궁녀와 내시들은 수군거렸다. 태어나서 처음 보는 글자였기 때문이다.

"자! 다들 모여 보시오. 내가 어젯밤에 궁 안에 방을 이백 장이나 붙였소!"

김종서가 소리치자 궁금해하던 내시와 궁녀들이 모여들었다. 김종서의 한쪽 손에는 아직 다 못 붙인 방이 한 움큼 쥐어져 있었다.

경복궁의 훈민정음 교실

"지금까지 글자를 몰라서 못 읽고 못 쓰는 사람들이 많았을 거요. 세종대왕께서 십 년이 넘게 밤낮으로 연구하셔서 문자를 만드셨소. 가르칠 훈(訓), 백성 민(民), 바를 정(正), 소리 음(音), 훈민정음! 백성을 가르치는 올바른 소리란 뜻이오. 그래서 내가 궁 안에 훈민정음 교실을 열었소. 누구한테나 읽고 쓰는 법을 가르쳐 줄 테니, 궁녀든 내시든 모두 와서 배우시오."

내시가 손을 들었다.

"장군, 정말 열흘만 공부하면 누구나 읽고 쓸 수 있습니까?"

"그렇고말고요. 열심히 하면 열흘도 안 걸려요. 나 같은 돌머리도 한 주일이면 끝납디다."

"와! 정말입니까? 난 십 년을 공부했는데도 아직 한문을 잘 못 읽어요."

새치름한 얼굴의 궁녀가 고개를 내밀었다.

"저는 음식 만드는 방법을 글로 쓰고 싶은데, 할 수 있을까요?"

"오, 장금이로구나! 당연히 할 수 있지. 네가 만약 요리책을 쓴다면 대박이 날 것이다!"

"부모님께 편지를 쓸 수도 있나요?"

"그럼, 그럼! 궁 밖에 있는 친구나 친척들한테 편지를 써서 보낼 수도 있어! 그뿐 아니야. 밤마다 자기 전에 하루의 일을 글로 쓸 수도 있고, 재미있는 이야기나 아름다운 시도 쓸 수 있어. 훈민정음만 배우면 누구나 글을 읽고 쓸 수 있어!"

"우아! 어쩜 좋아!"

생각만 해도 기분이 좋은지 궁녀들이 팔짝팔짝 뛰었다. 김종서도 신바람이 났다.

"서로 힘도 내고 응원도 할겸, 훈민정음을 배울 사람들끼리 구호를 정하겠습니다. 다들 따라 해 보세요. 대애한민국! 짝짝 짝 짝짝!"

"무슨 뜻이에요?"

"이건 얼씨구, 지화자 같이 기분 좋을 때 내는 소리예요. 해 보니까 신 나지요? 따라 해 봐요. 대애한민국! 짝짝 짝 짝짝!"

"대애한민국! 짝짝 짝 짝짝!"

내시와 궁녀들이 김종서를 따라 대한민국을 외치면서 손뼉을 쳤다.

"손바닥이 아프면 빨랫방망이 두 개를 서로 부딪쳐도 되고 나막신으로 해도 돼요. 앞으로 우리끼리 만나면 이렇게 외치는 겁니다!"

"대애한민국! 짝짝 짝 짝짝!"

경복궁의 훈민정음 교실

밤은 깊었지만 집현전의 불은 아직 켜져 있었다. 세종이 집현전의 문을 열었다. 성삼문 혼자 글을 쓰고 있었다.

"무슨 일을 이렇게 늦게까지 하는가?"

"훈민정음과 외국 말을 견주어 보고 있었습니다. 어떤 점이 부족하고 어떤 점이 나은지 연구했습니다."

"아! 성삼문 학사가 살던 미래 세상에서는 외국 말을 많이 쓴다고 했지. 그래 연구해 보니 어떤가. 훈민정음이 뛰어난가?"

성삼문은 쓰고 있던 글을 펼쳐 보였다. 영어와 일본말, 중국말이 쓰여 있었다.

"훈민정음은 참으로 뛰어난 문자입니다. 우리나라 문자라서가 아니라, 어떤 면을 봐도 훈민정음을 따라올 문자가 없습니다. 제가 살던 미래 세상에서는 영어가 가장 인기입니다. 엄마들이 우리말도 잘 못하는 서너 살 아기 때부터 영어를 가르치기도 하니까요. 영어를 알면 세계 어느 나라에 가도 말이 통할 만큼 영어는 세계 공용어가 되었습니다."

세종이 손가락으로 영어를 가리켰다.

"뛰어난 문자로군! 영어는 누가 만든 문자인가?"

"누가 만들었는지는 모릅니다. 영어뿐만 아니라 온 세계에 있는 문자 가운데 누가 만들었는지 알 수 있는 문자는 없습니다. 아니 딱 하나 있군요. 훈민정음입니다!"

"허허허! 이제 그렇게 됐나?"

"온 세계에는 오천 개가 넘는 말이 있습니다. 이 가운데 문자가 있는 말은 일백 개쯤밖에 안 됩니다. 그러나 거의 사라지고 사람들이 주로 쓰는 문자는 열세 개밖에 안 됩니다. 미국과 유럽에서는 영어, 프랑스어, 독일어, 이탈리아어, 스페인어를 쓰고 있습니다. 이 말들은 지금은 서로 다른데, 원래는 모두 같은 말이었습니다. 글자가 비슷한 것도 그런 까닭에서입니다.

라틴어가 변해서 로마어가 됐고, 로마어가 오랜 세월 동안 변하고 변해서 영어, 프랑스어, 독일어, 이탈리아어, 스페인어가 된 것입니다. 중국어가 변해서 베트남어와 일본어가 된 것처럼 말입니다. 한자를 누가 언제 만들었는지 모르듯이 로마자도 누가 언제 만든 것인지 모릅니다."

세종은 의자에 앉으면서 수염을 쓰다듬었다.

"훈민정음과 외국 말들을 차례대로 견주어 보게."

"가장 적은 글자 수로 가장 많은 소리를 낼 수 있어야만 으뜸 문자라고 할 수 있습니다. 글자 수가 적어야지만 빨리 배울 수 있기 때문이지요. 그런데 세계에서 가장 적은 글자 수로 가장 많은 소리를 낼 수 있는 문자가 무엇인지 아십니까? 바로 훈민정음입니다. 사람의 입에서 나오는 거의 모든 소리를 문자로 옮길 수 있는 것은 훈민정음뿐입니다. 한자는 모두 오만 오천 자인데 적어도 일천 자는 외워야 조금 읽고 쓸 수 있지요. 그러나 훈민정음은 스물네 자만 익히면 일만 천칠백칠십두 개의 글자를 만들 수 있습니다. 표현력에서도 훈민정음을 따라올 문자가 없습니다. 일본말은 삼백 가지쯤 소리를 낼 수 있고 중국말은 사백 가지쯤 소리를 낼 수 있는데, 훈민정음은 팔천팔백 가지가 넘게 소리를 낼 수 있습니다. 외국 말보다 자그마치 스무 배가 넘습니다. 이 사실을 세계 언어학자들이 알면 놀라고 또 놀랄 것입니다.

　영어는 스물여섯 자의 알파벳으로 만들어져 있습니다. 영어는 한자보다는 쉽지만 훈민정음보다는 배우기가 어렵습니다. 영어는 소리글자이긴 한데, 소리가 나는 대로 글자를 쓸 수 없기 때문입니다. 영어는 글자는 같은데 발음은 다르게 나는 것도 있고, 글자는 다른데 발음은 똑같이 나기도 해 불편합니다. 그래서 읽고 쓰는 것은 되는데 말하는 것이 잘 안 되는 문자가 바로 영어입니다."

　세종은 헛기침을 했다. 말은 안 했지만 입가에 웃음이 가득했다.

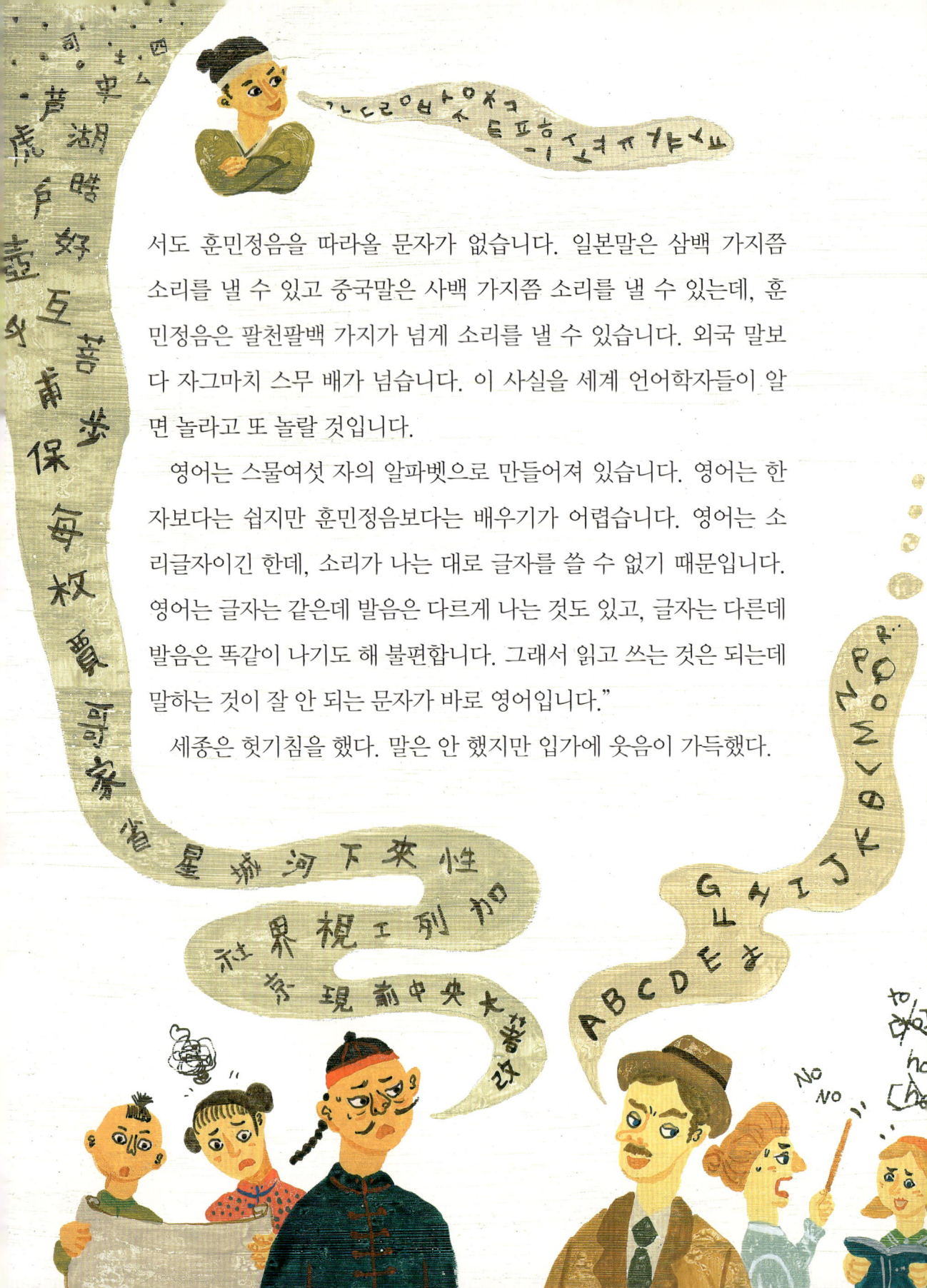

한글과 영어의 대결

한글처럼 영어도 소리글자입니다. 소리가 나는 대로 글자로 쓸 수 있기 때문에, 뜻글자인 한자보다 쉽게 배울 수 있습니다. 그런데 영어는 좀 어려운 소리글자입니다. 글자마다 읽는 발음이 여러 가지이기 때문입니다.

한글은 '오'로 쓰고 '오'로 읽으면 됩니다. 그런데 영어는 '오[ou]' 발음이 나면서도 글자가 다른 단어가 열 가지도 넘습니다. so[소], sew[소], soul[솔], doe[도], dough[도], oh[오], owe[오] 같은 낱말입니다. 그래서 모두 다르게 외워야 합니다. 글자가 다른데 발음은 똑같이 나니까 헷갈릴 수밖에 없지요.

반대로 글자는 같은데 발음은 다르게 나는 것도 많습니다. 'O[오]'로 따져 볼까요? so[소], to[투], on[온], honey[허니], horse[호스], woman[우먼] 같은 낱말이 셀 수도 없습니다. 글자는 같은데 발음이 다르니 영어가 어렵지요. 영어에서는 이런 것이 한둘이 아닙니다. 그래서 읽고 뜻을 아는 것은 되는데, 말하는 것이 잘 안 되는 문자가 바로 영어입니다. 발음이 달라서 말이 안 통해 오해를 사기도 합니다. 한글과 견주면 참으로 불편한 문자입니다.

이처럼 영어가 불편한 문자가 된 것은 나름대로 까닭이 있습니다. 시간이 지날수록 말도 바뀝니다. 그런데 영어는 오랫동안 안 바꾸고 옛날 그대로 쓰고 있습니다.

알파벳은 서기 600년 즈음부터 써 왔습니다. 그 다음 1400년 동안 쓰면서 발음은 끊임없이 바뀌지만 글자는 바꾸지 않았습니다. 소리글자는 소리 나는 대로 글자를 쓰기 때문에 소리가 바뀌면 글자도 바꾸어 주어야 합니다. 그런데 영어는 글자를 바꾸지 못했습니다. 그래서 지금까지도 옛날에 쓰던 영어를 그대로 쓰고 있습니다. 시간이 지날수록 영어는 체계가 흐트러지고 과학성도 떨어진 문자가 된 것입니다. 그렇다면 미국 사람들은 영어를 잘할까요? 아닙니다. 미국에서조차 영어를 읽고 쓸 줄 아는 사람은 모든 국민 가운데 고작 79퍼센트밖에 안 된답니다. 열 가운데 둘은 영어를 못하는 것이지요. 미국의 클린턴 대통령까지도 나라 목표로 세운 것이 문맹 퇴치(글자를 모르는 사람이 없게 하는 것)라고 하니까요.

우리나라는 어떨까요? 한글을 모르는 국민은 없습니다. 0퍼센트에 가까울 만큼 세계에서 가장 문맹률이 낮은 나라가 우리나라입니다. 한글이 세계에서 가장 쉬운 문자라는 것이 또 밝혀졌지요?

"전하, 이렇게 훌륭한 문자를 왜 빨리 백성한테 안 알립니까? 한시라도 서둘러 백성한테 널리 알려야 합니다."

세종은 고개를 저었다.

"내 생각은 다르네. 훈민정음은 아직 흠이 있을 거야. 더욱 흠 없게 만들어야만 해. 백성들이 배울 때 힘들고 어려우면 안 돼."

성삼문이 손뼉을 쳤다.

"좋은 수가 있습니다! 제가 훈민정음으로 책을 써서 다른 사람들이 읽을 수 있게 하면 어떨까요? 어떤 점이 부족한지, 무슨 문제가 있는지 금세 알 수 있을 것입니다."

"좋은 생각일세. 어떤 책을 써 볼 텐가?"

"조선이 세워진 과정을 시로 써 보면 어떻겠습니까? 제가 시를 좀 썼습니다. 한때 시인이 될 꿈도 꾸었지요."

세종이 활짝 웃으면서 고개를 끄덕였다.

"좋네! 책 제목은 용비어천가로 하세. '왕들이 태어나 나라를 세운 노래'를 담은 책이라는 뜻일세."

그때 집현전 밖에서 박수 소리가 들렸다.

"대애한민국 짝짝 짝 짝짝! 대애한민국 짝짝 짝 짝짝!"

"이게 무슨 소린가?"

"글쎄요. 어디서 축구를 하나?"

훈민정음 교실은 북새통이었다. 계급이 낮은 내시와 궁녀, 서리들이 찾아와 훈민정음을 배웠다. 글자를 쓰고 읽는 재미에 푹 빠진 사람들은 궁궐 안 여기저기에서 '대애한민국!'을 외치며 돌아다녔다.

"마음에 안 들어! 이 무슨 해괴한 짓이야!"

집현전 부제학 최만리가 늙은 학사들을 모아 놓고 호통을 쳤다. 김문, 정찬손, 신석조, 하위지, 송처검, 조근의 얼굴이 일그러졌다.

"소문을 들은 양반들도 반대하고 있습니다. 문자는 양반 남자나 알면 되지, 천한 백성이나 여자한테 무슨 쓸모가 있습니까? 이대로 가만 보고 있을 수 없습니다. 이번에 상소를 올려보심이 어떻습니까?"

"그래야지! 아무리 임금이라도 뭐든지 자기 마음대로 못한다는 걸 보여 줘야겠어!"

최만리는 상소문을 썼다. 장난 같은 훈민정음을 당장 그만두어야 한다는 내용이었다. 만약 상소문이 안 받아들여지면 집현전 부제학의 자리를 비롯해 학사들 모두 그만두겠다는 내용도 덧붙였다.

상소문을 받은 세종은 혀를 찼다.

"쯧쯧, 가엾고 불쌍한 사람들일세. 우리가 우리 글을 만들어 써야지, 왜 자꾸 남의 글을 쓰려고 하는가? 남의 글을 쓰는 것이 얼마나 부끄러운 짓인지 왜 못 깨닫는가?"

세종은 오히려 더욱 힘차게 훈민정음을 백성들한테 알렸다.

"오늘따라 달은 왜 이다지도 밝단 말이냐? 황진 수사관이 보고 싶다. 흑흑."

창밖을 바라보던 김종서의 어깨가 들썩였다. 장영실이 김종서한테 다가가 고개를 쑥 내밀었다.

"지금…… 울고 있었습니까?"

"울긴 누가 울었다고 그래요. 흑흑."

"얼굴에 범벅이 된 물은 눈물이 아니고 뭡니까? 하긴 나도 고향이 그립습니다. 어머니도 보고 싶고……."

김종서는 주머니에서 쇠뭉치 하나를 꺼내 만지작거렸다.

"목소리라도 들으면 소원이 없겠습니다. 흑흑."

쇠뭉치는 붉은 녹이 덕지덕지 붙은 채 완전히 망가진 휴대전화였다. 장영실의 눈이 반짝였다.

"좋은 수가 있습니다!"

장영실은 휴대전화를 들고 연구실로 달려갔다.

장영실은 일주일이 넘도록 안 나타났다. 성삼문과 김종서가 장영실의 연구실을 찾아갔을 때, 장영실의 모습은 부랑자 같았다.

"됐습니다! 휴대전화를 고쳤어요!"

성삼문과 김종서는 무슨 말을 하는지 몰라서 멀뚱멀뚱 바라봤다.

"내가 그동안 휴대전화를 완전히 뜯어서 녹을 모두 없앴습니다. 그리고 새로 조립했습니다. 새것 같지 않습니까?"

"그런데요? 전기가 없어서 걸 수도 받을 수도 없는데 뭘 하시게요? 거울로 쓰시게?"

김종서가 시큰둥하게 말했다.

"전기도 만들 수 있습니다. 이걸 보시지요. 자가발전기입니다!"

장영실은 자전거처럼 생긴 수레바퀴를 가리켰다.

"이 위에 올라타고 자전거를 타듯이 열심히 바퀴를 돌리면 전기가 나옵니다. 돌리는 게 좀 힘들기는 하지요. 내가 관측한 바로는, 지금 태양계의 행성들이 태양을 중심으로 십자가 모양으로 서고 있습니다. 우리가 시간 터널로 들어올 때와 비슷하지요. 그러니까 전화도 연결될지 모릅니다!"

성삼문과 김종서가 놀란 얼굴로 서로 바라봤다.

"얼른 해 봐요! 빨리요!"

"김종서 장군은 우리 가운데 가장 힘이 세니까 발전기 수레바퀴를 돌리세요. 자, 어디로 전화를 할까요?"

"청와대로 합시다. 내가 강철 대통령의 핫 라인을 알고 있어요."

김종서는 수레바퀴 위에서 땀을 뻘뻘 흘리고 있었다.

"핫 라인? 뜨거운 줄? 헉헉, 훈민정음을 배웠으면 우리말을 써요."
"강철 대통령과 바로 연결되는 전화번호입니다. 나라가 위험에 빠졌을 때만 쓰지요. 몇몇 장관들 말고는 아무도 몰라요. 대통령과 통화해 보면 우리나라의 역사가 바뀌었는지 알 수 있을 것입니다."

성삼문은 전화번호를 하나씩 눌렀다. 성삼문의 손끝이 바르르 떨렸다. 세 사람 모두 숨이 멎을 것만 같았다.

뜨르륵 뜨르륵. 신호가 갔다.

"강철이요."

"헉."

성삼문의 심장이 거침없이 뛰었다.

"저는 성삼문 장관입니다. 우리나라는 어떻게 됐습니까?"

"누구요? 성 누구?"

"문화부 장관 성삼문이요. 훈민정음을 만들려고 장영실, 김종서와 함께 607년 전으로 온 성삼문 말입니다."

"이상한 전화네. 이 전화번호는 어떻게 알았소? 장난 전화하지 마시오!"

대통령은 고함을 치며 전화를 끊으려고 했다. 성삼문은 당황했다.

"잠깐만, 잠깐만요. 북한산에 있는 비밀 지하 기지로 가 보세요. 우리가 남겨 놓은 타임캡슐이 있습니다. 그걸 보시면……."

뚜뚜뚜. 벌써 전화는 끊어져 버렸다. 귀가 먹먹해질 만큼 거리가 까마득하게 느껴졌다. 김종서가 발전기 수레바퀴에서 내려왔다.

"우리를 기억 못해요?"

성삼문은 힘없이 고개를 끄덕였다.

"이런 빌어먹을! 목숨을 바쳐서 세종대왕을 만나러 왔건만 우리를 까맣게 잊어버리다니! 휴대전화 이리 줘요. 황진 수사관한테 전화해 보게."

"소용없습니다. 아무도 우리를 기억 못할 것입니다. 우리는 역사 속에서 완전히 사라진 사람이 되었습니다."

세 사람은 한참 동안 멍하니 서 있었다. 하염없이 눈물이 흘렀다.

"무슨 전화입니까?"

청와대 비서실장이 강철 대통령한테 물었다.

"이상해. 나라가 위험할 때만 쓰는 이 전화번호를 어떻게 알았지? 자기 이름이 성삼문이래."

"성삼문요? 세종대왕 때 집현전 학사였던 성삼문요?"

"장영실, 김종서도 같이 있다고 하더라고."

"하하! 죄송합니다. 지금 당장 전화번호를 바꾸겠습니다."

"그러는 게 안전할 것 같아."

비서실장은 급히 뒤돌아서서 뛰어나가려고 했다.

"아, 잠깐만. 북한산에 비밀 지하 기지가 있는가?"

"오래 전에 만든 비밀 기지입니다. 몇 사람 말고는 아무도 모를 텐데, 어떻게 그것까지……."

"지금 당장 차 불러 와. 직접 가 보겠어!"

띠리리링 띠리리링.

몇 시간 뒤 휴대전화가 울렸다. 넋을 놓고 앉아 있던 세 사람은 깜짝 놀라 전화를 받았다. 김종서는 부리나케 수레바퀴를 돌렸다.

"성삼문입니다."

"성 장관, 강철이오. 흑흑흑."

대통령은 울고 있었다.

"성 장관, 미안해요. 내가 기억을 못해서 정말 미안해요. 살아 있어 줘서 정말 고마워요."

대통령의 목소리는 눈물에 흠뻑 젖어 있었다. 성삼문의 눈에서도 눈물이 흘렀다.

"역사는……, 바뀌었습니까? 백성들은 훈민정음을 쓰고 있습니까? 대한민국은 통일을 했습니까?"

"그럼요. 역사는 완전히 바뀌었어요. 타임캡슐을 못 보았다면 나도 역사가 이렇게 많이 바뀌었는지 몰랐을 거요. 대한민국 국민 누구나 한글을, 아니 훈민정음을 잘 쓰고 있어요. 글자를 모르는 국민이 없어 세계에서 문맹률이 가장 낮은 나라가 되었지요. 한반도도 통일했소. 완전히 통일된 것은 아니고 남북으로 나뉘긴 했지만, 같은 문자를 쓰고 있으니까 조만간 통일될 것이오. 이 모든 게 세 사람 덕분이오. 대한민국 국민을 대표해서 진심으로 고맙소. 기쁜 소식이 또 있소. 훈민정음은 세계가 인정하는 으뜸 문자가 되어 1997년 유엔(UN)에 딸린 유네스코(국제연합교육과학문화기구)에서는 훈민정음 원본 즉, 훈민정음 해례본을 '세계 기록 유산'으로 지정했소. 또 유네스코에서는 세계에서 문맹 퇴치에 크게 기여한 사람이나 기관, 단체를 뽑아 해마다 9월 8일 '세계 문해의 날'에 상을 주고 있는데, 그 상 이름이 바로 '세종대왕 문해상'이라오. 세종대왕이 만든 훈민정음이 우수하다는 것을 온 세계에서 인정했다는 뜻이 아니겠소?"

외국 사람들은 한글을 어떻게 평가하고 있을까요?

훈민정음(한글)은 세계 백 여개가 넘는 글자 가운데 만든 뜻과 만든 사람, 만든 때를 알 수 있는 오직 하나뿐인 문자예요. 유네스코에서는 1989년 '세종대왕 문해상(King Sejong Literacy Prize)'을 만들어 문맹 퇴치에 애쓴 사람들한테 상을 주고 있어요. 1997년에는 '훈민정음 해례본'을 세계 기록 유산으로 올려놓았지요. 훈민정음이 얼마나 훌륭한 문자인지는 세계 언어학자들이 더욱 잘 알고 있다는 뜻이나 다름없어요.

한글은 독창성이 있으면서도 과학성이 있는 훌륭한 문자예요. 외국 학자들은 한글을 세계에서 가장 과학성이 있는 세계 으뜸 알파벳이라고 말해요. 한글은 위대한 유산 가운데 하나지요. 〈영국 언어학자 제프리 샘슨〉

한글은 영어보다 아름답고 이치에 맞는 문자예요. 인류의 문자 가운데 한글처럼 뛰어난 문자는 없었어요. 보면 볼수록 참으로 놀랍고 새로워요. 〈미국 버클리 대학의 레이야드 박사〉

한글은 세계에서 가장 단순한 글자이며 가장 훌륭한 글자예요. 세종대왕은 한국의 레오나르도 다 빈치지요. 〈'대지'를 쓴 미국 소설가 펄벅〉

나는 미국 사람이지만 해마다 한글날인 10월 9일이면 한국의 음식을 먹어요. 그만큼 나는 한글을 사랑하지요. 〈미국 시카고 대학의 메콜리 교수〉

우리 교수들은 세계의 모든 문자를 견주어 보았어요. 합리성, 과학성, 독창성으로 순위를 매겼는데, 그 가운데 1위는 단연 한글이에요. 그래서 우리는 대학에 한글을 진열해 놓고 있지요. 〈영국 옥스퍼드 대학의 언어학 교수들〉

프랑스에서 세계 언어학자들이 모여 학술회의를 열었어요. 이 회의에서 한글을 세계 공통어로 쓰면 좋겠다는 토론을 했어요. 〈프랑스 언어학술회의 학자〉

장영실이 전화를 받았다.

"시간 터널이 열리는 대로 저희도 돌아갈 방법을 찾아보겠습니다. 다른 지시 사항은 없으십니까?"

"수십 년 전에 우리나라에 큰 위기가 닥친 적이 있네. 일본이 우리나라를 빼앗았는데 일본은 한글을 없애려고 했지. 한글을 쓰면 감옥에 잡아가고 무조건 일본말을 쓰게 했어. 우리나라 사람들 이름도 모두 일본 이름으로 바꿔야 했지. 우리나라 사람들이 똘똘 뭉쳐 한글을 지켜 내기는 했지만……."

치직 치지직.

갑자기 잡음이 울리면서 휴대전화가 뜨거워졌다. 그러더니 퍽 소리와 함께 휴대전화에 불이 났다.

"이런! 난 아직 황진 수사관과 통화도 못했는데!"

김종서는 휴대전화를 들고 아쉬워했다. 그러나 새까맣게 타 버린 휴대전화는 더는 쓸 수 없었다.

훈민정음을 만든 지 어느덧 세 해가 흘렀다.

1446년 9월 귀뚜라미 소리가 가장 먼저 경복궁의 가을을 알리고 있었다. 세 사람은 잠을 자려고 누웠다. 성삼문은 마음이 들떠 잠이 안 왔다.

"내일이 훈민정음을 제대로 세상 사람들한테 알리는 날이지? 길고 길었던 우리의 일도 이제 끝이구나."

"하하하! 이제 고향으로 돌아갈 일만 남았어. 김종서 장군도 신나지요?"

장영실도 기분이 싱숭생숭했다. 그러나 김종서는 심각한 얼굴을 하고 있었다.

"뭔가 이상해. 살갗이 찌릿찌릿 감전된 것 같고 뒷골이 욱신욱신 쑤시는 게……."

"감기몸살 아닌가요?"

"아닙니다. 이건 범죄의 냄새를 맡았을 때 느껴지는 형사들의 동물 본능입니다. 날 속일 수는 없어요. 틀림없이 뭔가 있어요. 킁킁, 뭔가 타는 냄새 안 나요?"

"타긴 뭐가 탄다고 그래요. 일찍 잡시다. 내일 할 일이 많아요."

세 사람은 금세 잠에 곯아떨어졌다. 한 시간도 채 안 돼 누군가 비명을 질렀다.

"불이야! 불이 났어요!"

김종서는 자리에서 벌떡 일어났다. 연기가 자욱했다. 불길이 집현전 사방에서 치솟았다.

김종서는 정신을 못 차리는 장영실과 성삼문을 양쪽 옆구리에 끼웠다. 문은 벌써 불길로 에워싸여 탈출하기 어려웠다. 김종서는 숨을 크게 한 번 들이키고는 있는 힘을 다해 한쪽 벽으로 내달렸다. 엄청난 힘이었다!

'쿵' 소리와 함께 집현전 밖으로 김종서가 뛰어나왔다. 장영실과 성삼문한테 차가운 물을 퍼부었다. 성삼문은 정신을 차리자마자 불타는 집현전 안으로 뛰어들려고 했다.

"안 돼! 집현전 안에 훈민정음으로 쓴 책들이 있어! 저 책이 없으면 내일 반포식도 못 올려!"

둘레에 있던 내시들이 성삼문을 뜯어말렸다. 김종서는 온몸에 물을 퍼부었다. 그러고는 말릴 틈도 없이 불길 속으로 뛰어들었다.

나무 기둥들이 삽시간에 무너졌다. 김종서가 보자기를 끌어안고 불길을 헤치고 나왔다. 김종서의 얼굴은 시커멓게 그을려 있었다.

"다는 못 건졌지만 그래도 절반은 꺼내 왔소."

가쁜 숨을 내쉬던 김종서는 갑자기 무슨 생각이 떠올랐는지 어디론가 달려갔다.

"장군! 김종서 장군!"

"전하가 위험합니다!"

검은 그림자들은 세종의 잠자는 방으로 숨어들었다. 불이 난 탓인지 세종의 방을 지키는 사람은 하나도 없었다. 검은 그림자들이 쥐고 있는 시퍼런 칼이 달빛에 번쩍였다. 세종은 잠에 깊이 빠졌는지 꼼짝도 안 했다. 검은 그림자들은 칼을 쳐들더니 이부자리를 겨누어 그대로 내리꽂았다. 한 번으로는 성에 안 찼던지 여러 차례 찔러 댔다.

"와자작"

느닷없이 이부자리 뒤에 있던 병풍이 넘어졌다.

"네놈들이로구나!"

천둥 같은 소리가 울렸다. 김종서였다. 그 옆에 버젓이 세종이 서 있었다.

검은 그림자들은 어쩔 줄 몰라 하며 두리번거렸다. 도망칠 구멍을 찾는 것이었다.

그때 문이 열리더니 화살이 비 오듯 쏟아졌다.

"으악!" "윽!"

검은 그림자들은 고슴도치처럼 화살에 맞고 쓰러졌다. 그러나 대장으로 보이는 검은 그림자는 눈 깜짝할 사이에 벽을 타고 천장으로 올라가 표창을 던졌다.

"휙."

세종의 목덜미로 표창이 날아들었다.

"안 돼!"

김종서가 몸을 던져 막았다. 그러면서 한쪽 손으로 단검을 날리자 검은 그림자의 가슴에 그대로 꽂혔다. 군사들이 달려와 바닥으로 떨어진 검은 그림자를 묶었다. 세종이 김종서를 살폈다.

"김종서 장군, 괜찮소?"

"괜찮습니다. 이것쯤이야……."

김종서는 어깨에 박힌 표창을 뽑았다. 언젠가 본 적이 있는 표창이었다. 손가락 세 마디만 한 크기에 벚꽃 모양……. 한글자 박사를 죽였던 표창과 똑같은 모양이었다.

김종서는 검은 그림자한테 다가갔다.

"네놈의 정체를 알고 있다! 미래 세상에서 한글자 박사를 죽이고 훈민정음을 없애려고 했지? 누구 지시를 받고 왔느냐?"

"흐흐흐. 명성황후를 죽이는 것은 성공했지만 조선 왕을 죽이는 것은 실패했군. 하지만 언젠가는 반드시 성공하겠어! 우리도 시간 터널을 얼마든지 넘나들 수 있으니까 말이야."

검은 그림자는 어금니를 깨물었다. 그러자 이빨 사이에 끼워 놓은 독약이 터지면서 피를 토하고 죽었다.

"지독한 놈들이구나! 명성황후가 누구냐?"

"1895년 조선 고종 황제의 황후입니다. 명성황후가 우리나라 땅에서 일본인을 몰아내려고 하자, 일본 암살자들이 무자비하게 죽이고 시신마저 불태웠습니다."

"뭐라고? 황제의 아내를 죽여?"

세종은 주먹을 불끈 쥐며 입술을 깨물었다.

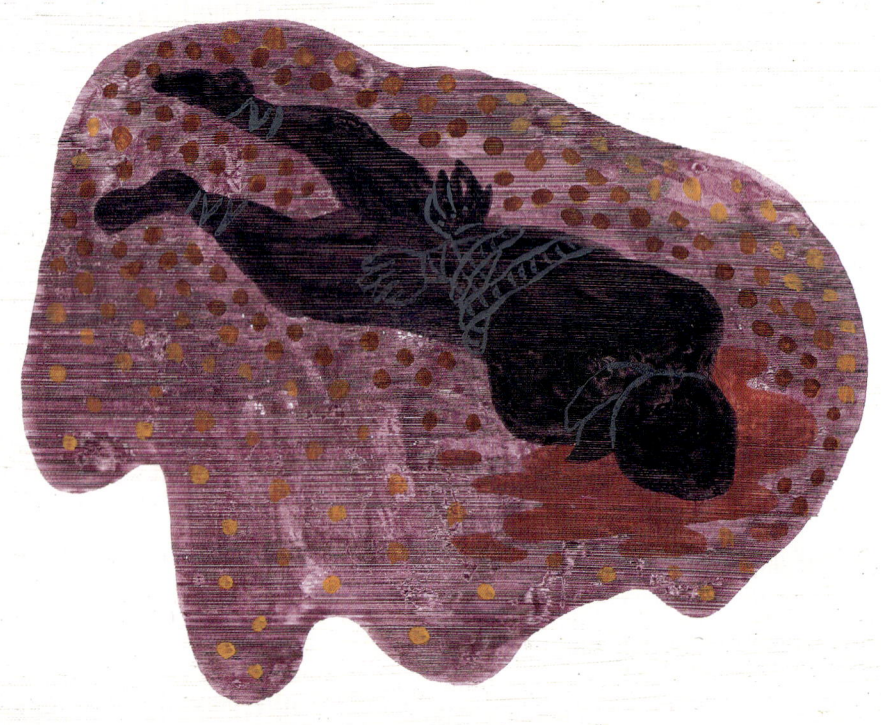

경복궁의 가을 하늘은 구름 한 점 없이 맑고 푸르렀다. 세상의 모든 티끌을 빨아들이는 것만 같았다.

경복궁 근정전 앞에서 훈민정음 반포식을 열었다. 가을 하늘 아래에서 연 화려한 반포식은 마치 한 폭의 그림처럼 아름다웠다. 세종은 문무백관을 바라보며 큰 소리로 외쳤다.

"우리나라 말은 중국말과 달라서 한자와는 서로 안 통하오. 그래서 어리석은 백성이 말하고자 하는 것이 있어도, 그 뜻을 제대로 못 전달하는 사람이 많았소. 내 이를 불쌍히 여겨 새로 스물여덟 자를 만들었소. 앞으로 모든 백성이 쉽게 익혀 날마다 쓰면서 편하게 살길 바라오."

이어 세종은 훈민정음을 반대하는 사대부들을 보며 폭탄선언을 했다.

"훈민정음을 널리 알리려고 여러 가지 강력한 법을 만들 것이오. 앞으로 모든 관리는 훈민정음을 써야 하오. 죄수들의 조서나 판결문뿐만 아니라 내가 내리는 문서도 한자와 함께 훈민정음으로 쓰시오. 그리고 과거를 볼 때 무조건 훈민정음 시험도 볼 것이오. 그러니 관리가 되려면 누구든지 훈민정음을 잘해야 하오. 궁궐 안에 훈민정음을 전문으로 연구하는 기관을 만들겠소. 이름은 정음청이오."

최만리를 비롯한 반대파들은 깜짝 놀랐다. 훈민정음을 안 배우고는 어떤 관리도 할 수 없게 된 것이다.

훈민정음을 배우면서 백성들의 삶은 크게 달라졌다.

세종은 백성한테 쓸모 있는 한문책을 훈민정음으로 다시 써 펴냈다. 그러자 양반들만 읽던 어려운 책을 누구든지 쉽게 읽어 백성도 사람답게 사는 법과 세상의 이치를 깨닫게 되었다.

훈민정음이 없었을 때는 나라에서 무슨 일을 하는지 백성이 제대로 알 수 없어 자기도 모르게 죄를 지었다. 그러나 훈민정음을 만든 다음에는 나라에서 하는 일을 낱낱이 훈민정음으로 방을 써서 붙이게 했다. 그러자 백성은 무엇을 해야 할지, 무엇을 안 해야 할지를 알아 죄를 안 짓게 되었다. 어떤 백성은 관리가 잘못하면 훈민정음으로 글을 써서 궁궐로 보내거나 벽에 붙여 잘못을 저지른 관리도 벌을 받게 했다.

멀리 떨어진 식구나 친구한테 편지를 써서 소식을 전했고, 누구든지 책을 써서 자신의 생각을 다른 사람한테 전했다. 양반이 주인 행세를 하던 세상은 백성이 주인이 되는 세상으로 빠르게 달라졌다.

"이제 우리의 일은 끝났습니다. 우주 관측을 해 보니 내일 정오에 행성들이 십자가 모양으로 섭니다. 드디어 내일이면 고향으로 돌아갈 수 있습니다!"

장영실은 들뜬 목소리로 성삼문과 김종서한테 말했다.

"전기가 없는데 어떻게 갈 수 있습니까?"

"번개를 이용하면 됩니다. 내일 폭풍우가 칠 것입니다. 피뢰침을 길게 세워 번개가 치면 시간 터널이 열리도록 만들어 놓았습니다. 그런데 두 분은 안 기쁩니까? 왜 이리 시큰둥하십니까?"

김종서가 말문을 열었다.

"사실 돌아가 봐야 우리를 기억해 줄 사람이 없습니다. 부모님도 몰라볼 텐데 가 봐야 뭘 하겠습니까?"

성삼문의 목소리도 힘이 없었다.

"그렇지요. 우리가 과거 세상에 다녀온 것은 극비라서 절대로 말해서도 안 되고요. 그래서 내 생각은……."

세 사람은 서로 바라보면서 침을 꿀꺽 삼켰다. 세 사람은 한꺼번에 목소리를 높였다.

"이곳에 남는다!"

"하하! 다들 내 생각과 똑같군요. 나도 미래로 가는 기계를 만들기 싫었지만, 두 분이 뭐라고 하실 것 같아서 억지로 만들었습니다.

사실 작동도 안 될 겁니다. 재료가 있어야지요."

장영실이 웃자 성삼문과 김종서도 크게 웃었다. 성삼문의 목소리에 생기가 돌았다.

"이곳에는 우리가 할 일이 아직 많습니다. 용비어천가도 지어야 하고, 훈민정음도 더욱 다듬어야 합니다. 먼저 나는 중국에 다녀올까 합니다. 중국에 황찬이라는 언어학자가 있는데, 그를 만나 중국말과 우리말을 서로 통하도록 연구해 볼까 합니다."

장영실은 지금까지 만들던 여러 기계를 가리켰다.

"이곳에는 정확한 시계가 없어서 헷갈립니다. 나는 물시계인 자격루와 해시계인 앙부일구를 만들겠습니다. 또 농사를 짓는 데 도움이 되도록 비가 온 양을 재는 측우기를 만들어 온 나라에 설치하겠습니다. 백성들이 들고 다니면서 볼 수 있는 해시계도 만들겠습니다. 아마 세계에서 처음 만드는 게 될 것입니다."

김종서는 한 번 헛기침을 하더니 무게를 잡고 말했다.

"지금 우리나라 북쪽은 여진족한테 빼앗겼습니다. 나는 우리나라의 잃어버린 땅을 되찾으러 함경도로 떠나겠습니다. 함경도에 군사 기지를 만들어 다시는 우리나라를 못 쳐들어오게 하겠습니다."

세 사람은 서로 힘껏 손을 잡았다.

"이제 오랫동안 못 보겠군요. 이 땅에 우리가 있는 한 못할 일은 없습니다. 우리는 역사를 바꾼 사람들입니다. 그런 뜻에서 한번 외쳐 볼까요?"

"대애한민국 짝짝 짝 짝짝!"

한글자 박사는 중국에 가려고 공항에서 비행기를 기다리고 있었다. 텔레비전에서 뉴스가 나오고 있었다.

"어제 경복궁 수정전에서 보수 공사를 하던 사람이 녹이 매우 슬고 완전히 망가진 쇳뭉치를 발견했습니다. 자세히 살펴보니 요즘 쓰는 휴대전화처럼 보입니다. 연대를 알아보니 600년쯤 된 물건이라고 합니다.

다음 소식입니다. 오늘 한글자 박사는 중국 흑룡강 근처의 오로첸 부족을 찾아갑니다. 오로첸 부족은 문자가 없어서 읽고 쓰지를 못합니다. 한글자 박사는 이들한테 한글을 가르쳐 주려고 가는 것입니다. 한글자 박사는 몇 해 전에 아프리카와 태국 원주민들한테도 한글을 가르쳐 준 적이 있습니다."

비행기에 타라는 방송이 나왔다. 한글자 박사는 가방을 들고 비행기 안으로 발걸음을 옮겼다.

세종대왕, 궁금해요!

세종대왕! 세계에서 가장 뛰어난 글자는 무엇인가요?

한글이 가장 뛰어나지. 왜 그런지 얘기해 줄테니 잘 들어 보렴.
첫째, 글자는 누구나 쉽게 배우고 쓸 수 있도록 쉬워야 해. 바로 한글이 쉬운 글자지. 한글은 자음 열네 개와 모음 열 개만 알면 누구나 글을 읽을 수 있고, 생각을 글로 쓸 수 있단다.
둘째, 한글은 입에서 나는 말을 다른 어떤 나라 말보다 더 많이 쓸 수 있단다. 한글은 글자 하나를 하나의 소리로 읽는 낱소리 글자라서 그래. 그래서 못 적는 소리가 거의 없어. 하지만 영어나 중국어, 일본어는 그렇지 못하단다.
셋째, 글자는 모양이 복잡하면 외우기가 어려워 쉽게 못 쓰거나 못 읽을 수도 있어. 하지만 한글은 간단한 점, 수직선, 수평선, 사선, 동그라미로 돼 있어. 반듯반듯해서 알아보기도 쉽고, 서로 더하면 쉽게 다른 글자도 만들 수 있어.

훈민정음은 스물여덟 자였는데, 지금은 왜 스물네 자예요?

맞아. 내가 훈민정음을 만들 때에는 모두 스물여덟 자였어. 그런데 지금은 ㅿ, ㆆ, ㆁ, ㆍ가 없어졌지.

ㅿ은 반치음이라고 하는데 영어의 z(제트) 발음과 비슷하단다. 사람들이 많이 안 써서 임진왜란 즈음에 없어졌단다.
ㆆ은 된이응, 여린히읗이라고 하는데 이것도 사람들이 많이 안 써서 15세기에 없어졌지. ㆁ은 옛이응이라고 해. 이 글자는 ㅇ(이응)으로 모양만 바뀌고 소리는 그대로 남아 있단다. 동그라미 위의 꼭지가 짧아져서 ㅇ(이응)으로 바뀌었어.
ㆍ는 아래아라고 하는데 1933년까지 쓰다가 없어졌단다. 그런데 아직 제주도 사투리에는 아래아가 남아 있어.

글자에도 종류가 있다던데, 한글은 어떤 글자인가요?

글자에는 그림글자, 뜻글자, 소리글자가 있어. 먼저 그림글자부터 설명해 줄게. 그림글자는 그림으로 되어 있는 글자란다. 도로 표지판이나 안내판, 지도의 기호가 그림글자야. 글자를 모르는 사람도 그림만 보면 무슨 뜻인지 쉽게 알 수 있어. 하지만 복잡한 뜻은 전달할 수 없는 것이 흠이지. 뜻글자는 한두 가지 그림을 서로 모아 만든 글자란다. 상형문자라고도 하지. 한자가 상형문자이자 뜻글자라고 할 수 있어. 소리글자는 소리 나는 대로 쓰는 글자란다. 우리 한글과 영어가 소리글자지.

한자는 왜 한글처럼 쉽게 배울 수 없어요?

한자는 한 글자 한 글자마다 뜻을 담고 있어서 글자를 모두 외워야 해. 한자는 모두 오만 오천 자인데 이 글자를 다 외우는 사람이 없을 만큼 어려워. 또 한자는 소리와 뜻이 달라 쓰기가 매우 불편하단다. 이를테면 엄마를 엄마라 안 쓰고 母(모)라고 쓰고, 강아지를 犬(견)이라고 쓰지. 내가 한글을 소리글자로 만든 까닭도 누구나 쉽게 쓸 수 있게 하려고 그랬지. 말은 눈에 안 보이지만 소리와 뜻이 함께 담겨 있어. 말을 눈으로 볼 수 있도록 한 것이 바로 글이야. 한글처럼 소리가 나는 대로 글을 쓰면 말하는 것과 쓰는 것이 같아서 배우기도 쉽고 쓰기도 쉽단다. 한글이 한자보다 왜 쉬운지 알겠지?

한글은 글자가 반듯반듯하고 네모와 동그라미도 있어 도형처럼 보여요. 한글은 무얼 보고 글자 모양을 만들었나요?

내가 쓴 〈훈민정음〉 원본 책을 보면 한글의 원리가 써 있어. 1446년에 쓴 이 책은 500년 동안이나 숨겨져 있다가 1940년에야 발견되었단다.
한글의 자음은 소리가 나는 입속의 모양을 본떠 만들었고, 모음은 하늘과 땅, 사람의 모양을 본떠 만들었단다. 엑스레이도 없던 조선 시대에 입속의 모양을 훤히 알고 있었다니 놀랍지?

한글과 훈민정음은 무엇이 다른가요?

한글의 옛날 이름이 훈민정음이야. 훈민정음이란 '訓(가르칠 훈) 民(백성 민) 正(바를 정) 音(소리 음)'으로 백성을 가르치는 바른 소리라는 뜻이지.

한글은 1910년에 국어학자인 주시경 선생님이 지은 이름이야. 한글의 한은 크다는 뜻이야. 하나의 크고 좋은 글자이며 우리나라 글이란 뜻이지.

옛날부터 한글에는 여러 가지 이름이 있었지. 언문(諺文), 반절, 국어, 배달말이라고 말야. 언문은 한문과는 다른 문자라는 뜻이야. 언서(諺書), 언자(諺字), 언해(諺解), 암클, 중글이라고도 했지. 이런 말들은 모두 우리말을 낮추어 본 데서 생긴 말이었어.

반절은 최세진이란 학자가 지었어. 자음과 모음이 만나 하나의 소리를 내기 때문에, 소리의 마디를 반으로 나눈다는 뜻으로 반절이라고 지었지. 국어는 우리나라 말이란 뜻이고, 배달말은 배달민족 단군의 후손이 쓰는 말이란 뜻으로 조선어문회에서 지었단다.

그럼 한글을 만들기 전에는 어떤 글자를 썼어요?

중국에서 건너온 한자를 썼지. 하지만 한자는 중국말이라서 우리말을 글자로 옮겨 쓰기가 매우 불편했어. 그래서 한자를 우리말처럼 바꾸어 썼단다. 그런 글자로는 향찰, 이두, 구결이 있었어.

향찰은 한자의 음과 뜻을 모두 빌려 써서 만든 문자야. '나의 밤'이라는 말을 향찰로 쓰면 '吳衣夜音(오의야음)'이 돼. 무슨 말인지 모르겠지? 여기서 吳(오)는 '나'라는 뜻이고, 衣(의)는 옷이라는 뜻이지만, 그냥 소리 나는 대로 '의'라고 읽지. 夜(야)는 '밤'이라는 뜻이고, 音(음)은 밤의 끝소리 ㅁ을 나타내려고 쓴 거야. 이 가운데 한 자라도 빠지면 말이 안 돼.

이두는 한자를 우리말처럼 풀어 쓴 문자야. 향찰처럼 한자의 음과 뜻을 모두 빌려 쓰면서도 문장 차례를 우리말처럼 바꾸어 썼지. '나는 너를 사랑해.'라는 말을 한자로 쓰면 我愛你 (나 아, 사랑 애, 너 이)가 되지만, 이두로 쓰면 我你愛가 돼. 이 말 사이사이에 는, 를, 해를 한자로 붙였다고 생각하면 쉽지.

구결은 한자를 우리말처럼 읽기 쉽게 토씨를 한자로 붙인 말이야. '무릇 같은 성이고'라는 말을 구결로 쓰면 '凡同性是遣(범동성시견)'이 되는데, '~이고'라는 말을 시견(是遣)이라는 한자를 빌려 나타냈지. 是遣을 빼도 말뜻을 알 수는 있지만 읽기가 조금 불편하지? 그래서 구결은 향찰이나 이두보다 덜 쓰였어.

이렇게 한자를 빌려서 여러 가지 우리말을 만들어 썼지만, 너무 어려워서 아무나 쉽게 쓸 수는 없었지. 그래서 글자를 모르는 사람들이 훨씬 많았단다.

한글은 자음과 모음으로 되어 있다고 알고 있어요. 모음은 뭐지요?

한글은 첫소리+가운뎃소리+끝소리로 되어 있단다. 예를 들어 '한'이라고 하면 첫소리 ㅎ+가운뎃소리 ㅏ+끝소리 ㄴ으로 쓰지. 첫소리는 자음, 가운뎃소리는 모음, 끝소리는 자음이란다.

모음은 혼자 소리를 낼 수 있어서 홀소리라고도 해. 우주는 크게 보면 하늘과 땅, 사람으로 나눌 수 있어. 그래서 하늘, 땅, 사람으로 모음을 만들었어. ·(둥근 점)은 하늘, 지평선 땅은 ㅡ(가로선), 서 있는 사람은 ㅣ(세로선)으로 말야. 그러니까 모음 안에는 우주가 담겨 있는 셈이야.

모음에는 밝은 느낌이 나는 소리와 어둡고 차가운 느낌이 나는 소리가 있다면서요?

·(둥근 점)은 하늘이고 태양이란다. 태양이 땅 위에 있으면 낮이 되고, 태양이 땅 아래에 있으면 밤이 되지. 또 옛날 사람들은 오른쪽은 밝고 따뜻하고, 왼쪽은 어둡고 차갑다고 생각했어.

태양이 땅 위에 있는 ㅗ는 밝고 따뜻한 소리가 나고, 태양이 땅 아래에 있는 ㅜ는 어둡고 무거운 소리가 난단다. 또 태양이 오른쪽에 있는 ㅏ는 밝고, 가볍고, 따뜻한 소리가 나고 태양이 왼쪽에 있는 ㅓ는 어둡고, 무겁고, 차가운 소리가 나지.

내가 만든 모음은 ·, ㅡ, ㅣ, ㅗ, ㅏ, ㅜ, ㅓ, ㅛ, ㅑ, ㅠ, ㅕ로 모두 열한 자란다. 이 가운데 ㅗ, ㅏ, ㅛ, ㅑ가 들어간 소리는 밝고, 가볍고, 경쾌하고, 따뜻한

느낌이 나고, ㅜ, ㅓ, ㅠ, ㅕ가 들어간 소리는 어둡고, 무겁고, 차갑고, 딱딱한 느낌이 나지.

밝고, 가볍고, 따뜻한 느낌	어둡고, 무겁고, 차가운 느낌
졸졸졸, 소곤소곤, 아장아장, 팔랑팔랑	줄줄줄, 수군수군, 어정어정, 펄렁펄렁

자음은 어떻게 만들었어요?

자음은 혼자 소리를 못 내고 반드시 모음과 닿아야만 소리를 낸단다. 그래서 자음을 닿소리라고도 해. 자음은 소리를 낼 때 입속의 모양을 본떠 만들었어. 처음에 가장 기본이 되는 다섯 글자 ㄱ, ㄴ, ㅁ, ㅅ, ㅇ을 만들었지. 소리 나는 위치인 어금니, 혀, 입술, 이, 목구멍의 모양에 따라 어금닛소리는 ㄱ, 혓소리는 ㄴ, 입술소리는 ㅁ, 잇소리는 ㅅ, 목구멍소리는 ㅇ으로 말야.
나머지 글자는 기본 다섯 글자를 바탕으로, ㄱ으로 ㅋ을 만들었고, ㄴ으로 ㄷ과 ㅌ을, ㅁ으로 ㅂ과 ㅍ을, ㅅ으로 ㅈ과 ㅊ을, ㅇ으로 ㅎ을 만들었어.

집현전 학사들이 한글을 많이 연구했다고 들었어요. 집현전은 아직 있나요? 있다면 어디에 있어요?

지금 그 기능은 없어졌지만 집현전이 있던 건물은 그대로 남아 있어. 서울 세종로에 경복궁이 있지? 그곳이 내가 살던 대궐이야. 경복궁 안에 수정전이란 건물이 있는데 그 안에 집현전이 있었단다.
나는 집현전을 내가 자는 곳과 가장 가까운 곳에 두었어. 집현전 학사들과 함께 백성들이 편히 살 수 있게 연구를 많이 하려는 뜻에서였지.
나는 가장 머리가 좋은 사람들을 뽑아 집현전 학사로 만든 다음 죽을 때까지 집현전에서 연구만 하게 했어. 학자들은 농사와 의학, 지리, 역사 같은 정말 많은 연구를 했어. 그래서 우리나라를 문화의 황금 시대로 꽃피웠지.